平凡社新書

872

保守の遺言

JAP.COM衰滅の状況

西部邁
NISHIBE SUSUMU

HEIBONSHA

保守の遺言●目次

第三章 社会を衰滅に向かわせるマスの妄動

序文

「状況」という言葉は、我が国で頻繁に遣われはするものの、その意味はかならずしも明確ではない。たとえばそれは「状態」という言葉とほぼ同義に用いられることが多い。しかしステート（状態）という言葉の原義は「過去から伝えられし物事の現在における在り方」をさすのであって、そうであればこそステートは政府や州といった多少とも歴史的な既存の制度を意味するのみならず、数学の微分方程式で「特定の時間には固定されているが長期的には変化しうるものとしての状態変数」を表すということになる。

それに比べて英語のシチュエーション、あるいは仏語のシチュアシオンは物事の在り方の「今此処《いまここ》」における「まさに変化のさなかにある」個別的・具体的・特殊的な状態のことをさすのだ。とくに社会の制度や個人の生活がイノヴェーション（新奇なものの出現）によって、創造的破壊どころか破壊的創造の波によって押し流されているとき、状況の個別性・具体性・特殊性が鋭く現象してくることになる。

そこで要求されるのは状況に即座に対応する諸個人の心身の力量としての判断力・決断力・実行力である。そういうものとしての状況をさして経営学の方面ではTPO（時と所と場合）といっているし、かつて陽明学の熊澤蕃山《くまざわばんざん》によって「時処位」と呼ばれたこともあった。なおここで「位」というのは当の武士がおかれている立場のことを意味する。

いずれにせよ、未だ死者になっていない生者ならば、多かれ少なかれ強かれ弱かれ状況のただなかに生きている。便利なのでアリストテレスの「本質と現象」の二元論でいえば、現象の奥底にあると思われる本質への解釈を怠りなくやり続けつつも、目前の現象をどう感受しいかに分析しどのように取り組むかにかかわりつづけるしかないのである。

僕は、これまでに三度、自死の準備に真剣に取り組み、そしてすべて予期不可能な事態の突如たる出来《しゅったい》で頓挫《とんざ》している。そんな身にたいしても状況が様々な時空で色々なメディアを通じつつ押し寄せてくる。とくに僕は、あるテレビ討論番組の司会をまだ続けているということもあって、状況の転変がどうなっているかをひとまず押さえておかなければならない立場にありもする。

そんな事情のせいで動乱の気配濃厚な世界の状況や衰滅の色がますます濃くなる日本の状況が僕の目と耳と頭に流れ込んできて止むことがない。そのことにいずれ死ぬ身として煩わしさを感じずにはおられない。とくに自分の心血を注いだつもりの原稿に（出版社の権限と称して本人の許可なしに）下らぬ表紙をつけられるときの不愉快は堪《た》え難いものになる。そんなことも含めてまだ生きていることの証しとして、自分の周りの状況をひとまず解釈し裁断してみせなければ生の気分が落ち着かなくなるというのだから、生きるというのは実に厄介な時間の流れではある。

僕はこれが最後の著作と銘打ちつつすでに二つの書物を出版してしまった。だから、何事も三度めなので、もう嘘はないとことわりつつ、以下に自分の状況論に限定して最後の著作としてここに記してみることにした。若干の言い訳を許してもらえば、これら二作すべてについて本人の自発的意志はどちらかといえば小さかったのだが、二人の編集者が次々と現れて何かを書けという。その言葉に反応して我が身を振り返ってみるとまだ言い残したことが脳中にくすぶっていると自覚せざるをえなくなる。

しかも、そこで、「主語は最後に現れる」（J・オルテガ）といった調子で、つまり状況を解釈しているのはほかならぬこの自分であると気づくという成り行きで、状況論を語るなかでおのれに能動的な意志の最後の一片が残っていると判明すれば、そのくすぶりをできるだけ整理して表現してしまうとおのれの脳も空っぽになり、たぶん能動的に自死に着手できるであろうとの算段が生まれる。その結果が本書だという次第である。

なお、僕の自死への構えは二十三年前におおよそ定まり、そして二年ほど前に打ち消し難く、その具体的な行為の細部にかんするまで、固まってしまっていた。ということは自分の主宰していた雑誌『表現者』に書いていたエッセイのほとんどが「死者の眼に映る状況」論なのであった。だからその部分を本書の中心において、その前後で平成二十九年末における現下の、正確には「未《いま》だ来たらざる」未来よりももっと間近の「将《まさ》に来たらんとしている」将来の状況に、僕のまだほんの少し残っている精神の活力がどう反応しているかを披瀝《ひれき》してみて、世人への別れの言葉としようとの算段なのである。

ついでに自分にとって最後の書物にJAP.COMなどという品の悪い表題をつけたのはどうしてか、一言、説明しておきたい。僕はかならずしもスノビズム（その原義は「高貴ではないということ」）を拒否する者ではないので、俗人にありがちの気取りというか恰好づけというか、ともかく比較的に上品めかした表題をつけがちの男ではある。しかし、死期においてボーッと見遣る状況の表層にかんしてはやはり表層的な表題がふさわしく、ドット・コムとみえてならぬ戦後日本人の情けない現状には軽薄めかした表題が似合っていると思うのである。

実は、テレビで何度かジャップとかジャパ公という形容を現代日本人に付してみたら、インターネットの一部から「反日」とのレッテルを貼られて少々のバッシングを受けていたらしい。そこで、簡略符号のドットを使ってジャップドットとやってみた。しかしドットの後には何かがくるのが普通で、世間の相場にならってコムとしてみたわけだ。

ここでコムというのは、コミュニティとかコムパニオンとかコミュニケーションとか色々考えられはするものの、これも世間の言葉の習わしに従ってカムパニーつまり会社のことだと受け取ってもらいたい。要するに日本人のほとんどが会社員の振る舞いよろしく、目先の利害に反応して右するか左するか喧《やかま》しく喋々していることをさしてJAP.COMと呼んでみたのである。

今さら歎いても詮無いが、僕が残念至極なのは大東亜戦争の敗北まではかろうじて残っていた日本民族の廉恥心《れんちしん》（恥を知ること）・公平心・正中（的を射ていること）・勇強心がほとんど消滅してしまっている現状を、僕はJAP.COMの「衰滅」と形容したいのである。

第一章

今此処における我が国の紊乱状況

1　総選挙という笑えぬ喜劇

平成二十九年十月二十二日（日曜日）、この日付が僕の脳裡《のうり》に焼きついている。その日の早朝というよりも深更に自裁を実行しようと固く意を決していたからである。ところが安倍晋三首相がその日に衆院総選挙をやると公表し、そうならば当日は警察署や区役所が大わらわであることは間違いなく、そんな日に自裁をするのは世間にとって大迷惑とみなされる。そう思われて致し方なかった。

当日になって分かったことだが、その日には台風も襲来し、そんな日に自裁するのは厄介な作業であると判明しはしたものの、いったんはとことんまで考え抜かれた物理的かつ心理的な準備の縄が脆くもほどけるのはやはり残念無念ではあった。

その腹癒《はらい》せを兼ねてといえば語弊が生じるのを承知の上で、ここに「僕は一度も総選挙に出向いたことがない」と告白しておこう。正直にいうとこれまでの人生で三、四度同じことを雑誌やテレビでさりげなく公表してしまい、そのつどささやかなバッシングを受けたことがある。この際、それらのバッシングにたいする返答をひとまとめにしておこう。

生活習慣病としての棄権

僕が最初に投票用紙なるものを受け取ったのは昭和三十五年の、いつであったかは記憶に定かではないが、ともかく東京拘置所の独房においてであった。政治犯の被告人としてそこに座していたのである。僕は即座に「投票なんかしない」と応じた。暴力革命主義者たる旗をまだ下ろしていなかったし、実際に、首相官邸や国会議事堂の門扉などの破壊を煽動《せんどう》したのは間違いもなく自分であったのだから、そんな者が総選挙という合法的手続きに順応するのは変だと感じたからである。

その後、左翼運動なるものから離れて独りになり、住所不定であったり、結婚してからも転居を繰り返すというように年月が過ぎていった。で、僕に投票用紙が届くことはなかったのである。そんな次第で総選挙のことは僕の念頭にちらとも浮かばないという始末となった。そしてそれが生活習慣病と呼んでよいようなものに成り果て、総選挙とは何だろう、と考えたのは四十歳を過ぎたあたりのこととなった。

このことをあえて述べておくのは、自分の総選挙にたいする決定的に消極的な態度の奥底にそうした過去の体験がわだかまっていることを何ほどかは認めざるをえないと思うからである。換言すると、僕は社会というものにたいするアウトサイダー的もしくはドロップアウト的な姿勢を七十八歳を終えようとしている今もなお払拭し切れていないということになる。そんな人間が選挙日に勇んで投票所に向かうはずもない。

政治参加の基礎は言論

そんな僕を指して政治に参加しないというのは国民として無責任であると詰《なじ》る者があとを絶たない。トンデモナイ言いがかりだ。僕は書物・雑誌・テレビなどのメディアにおいてのみならず、講演活動でも酒場付き合いでも言論というものを通じて政治に参加しつづけてきた。そして僕の考えでは、政治参加の基礎は言論にあるのであって、投票なんかはその言論によって形成される世論の赴《おもむ》きを反映する指標にすぎないのである。

あえて冗談口でいうと、言論に忙しくて投票日には疲れ果てている、といってのけたいところだ。もっというと、新聞の見出しやテレビのキャッチフレーズなどに動かされてそのまま投票する連中、もっというと投票所に行ってから立候補者の名前や顔をみて投票している連中、そんな者たちの政治参加などはポピュラリズム(人気主義)の見本にすぎないのではないか。

要するに僕は政治にたいするノンシャランス(無関心)というものを甚《はなは》だしく軽蔑してきたのだ。とくに近代の知識人は政治にたいする無関心をもって学術的、あるいは思索的な姿勢の証拠とみる愚見が罷《まか》り通っている。人間の世間は、その社会的側面といい経済的側面といい文化的側面といい、すべて政治的な側面と強く連関している。それどころかそれらの諸側面は国家の政治的なプロジェクト（企画）によって未来へとプロジェクト（投げ出されている）とみなければならない。

そうならば、政治に無関心を決め込む知識人は、実のところ、ワールド（世間）の一側面をあたかも「群盲象《ぐんもう》を撫でる」式にとらえる単なるスペシャリスト（専門人）にすぎないということになる。専門人であるのは致し方ないとしても、ワールドの全体像をいささかも自分で把握していないし、それを世間の世論に溢れるムードから借りてきたりする専門人のやり口は、むしろ世間の解体作業に与《くみ》する所業というしかあるまい。

僕の政治的関心は総選挙にも及んでいる。その証拠に我が家にテレビが入ってからは、開票日の深夜に及ぶまで投票結果の報道や解説にじっと見入ってきたのであり、平成二十九年の十月二十二日もそうであった。

かつて中江兆民は（初めて開設された国会に立候補するにあたり）「選挙人会議」の必要を唱えた。つまり選挙人たちが国家の政策や立候補者の人格について議論を重ねる準備段階がなければ、投票などはおよそ無内容なものになると喝破したのである。僕にあって政治的言論への参加は選挙人会議の代用品のようなものでありつづけてきた。

そんなにも政治的関心が強い僕が、たしかに組織に関与しないという点では政治のアウトサイダーであり、政治からのドロップアウトであったことを認めるにはやぶさかではないものの、無責任呼ばわりするのにたいしてはここで断固として抗議しておきたい。その証拠の一つを挙げておくと新聞であれテレビであれ雑誌であれ、たとえ自分が一万対一の少数派であっても自分の政治的主張を一応は筋道を立てたり実例を挙げたりしながら述べ立てる評論家生活をすでに三十年近くも送ってきたのである。

軽いこと限りなき一票の重みとは何のことか

今の総選挙は、小選挙区制になったとはいえ十万程度の選挙人規模で行われている。規模がそのように大きいとなれば、自分の一票であの立候補者が当選したりこの立候補者が落選したりする可能性は、あえて数字で示してみると〇・〇〇〇一の確率にすぎない。それは、悪い冗談であることを承知でいうと、投票所に足を運ぶ途中で交通事故に遭う確率とほぼ等しいといいたくなるほどに小さいのだ。

つまりは一票の重みは塵芥《ちりあくた》のごとくに小さい、あるいは枯葉のように軽いということである。ここで指摘したいのは、総選挙における一票は「吹けば飛ぶように軽い」のだがしかし、「塵も積もれば山となる」という成り行きで、立候補者の当落が決まるということにほかならない。そのことを指摘する者が戦後七十二年も経ったというのに僕のほかには誰一人いないというのはあまりにも奇妙ではないだろうか。

しかも笑いたくなることに、棄権者が増えれば増えるほど、投票者の一票の重みが増すのである。だから、理屈の上ではほかの誰も投票しないというのなら僕は、自分一人で自分らの代表者を選べるということになる。そういう場合には政治参加に熱心な僕としては万難を排して投票所に駆けつけるに違いないと明言しておきたい。

そんなことをいうと角が立つから次のように言い換えるべきかもしれない。選挙区をもっともっと小さくし、そうすることによって一票の重みを強め、そのかわりに極小選挙区で選ばれた代理人たちがまた集まってさらなる代理人を選ぶ、という意味での多段階の選挙方式ならば一票の重みが増し、選挙するモティヴェーションが大きくなるとみてよいであろう。そんな議論を何一つ行わないでおいて、「投票の棄権は止めましょう」と触れて回るのは詐欺に近いと思われてならないのである。

投票権か投票務か

オーストラリアやオーストリアでは「投票は国民の義務である」と定められている。その義務の観念にもとづいて、投票棄権者には科料を加えることも可能とされている。言い換えると一票は、たとえ枯葉や塵芥のように軽いとしても国民の義務においてそれを投じなければならないということである。

だから僕は、ずっと前から、投票権という言葉を遣わずに投票務という言葉を用いている。少し詳しくいうと「汝《なんじ》ら国民一人びとりの一票は無視しうるほどに軽いのだが、それを投じるのが国民の義務である」と法律で明記せよということである。しかし、「国防の義務」をすら認めることができないでいる列島人に「投票の義務」を受け入れる余裕があろうはずもないのだ。

このことに言及するのには格別の意味があって、憲法を含めて法律というものの本質は「禁止の体系」（この場合は「棄務の禁止」）にほかならない。それなのに、我が日本国憲法をみればすぐわかるように、戦後日本では国民の権利だけが拡張され、国民の義務は、「国防に参加する義務」が明記されていないことからもすぐ察しられるように、能う限り軽んじられてきた。そこから、憲法は、理想と現実のあいだの平衡としてのノルム（規範）を「国民とその政府」（国家）に知らせるものであるにもかかわらず、「理想を語るものである」とか「政府の義務を規定するものだ」といったような見当違いの法律観が蔓延《まんえん》しているのである。

その証拠に、これは他の文明諸国でも同様であって、ライト（権利）の観念が人間はライト（正しい）という人間性礼賛としてのヒューマニズムが諸国家の法律を彩っている。最初の法律といわれているバビロン法典をみればすぐわかるように、「犯すなかれ盗むなかれ騙《だま》すなかれ」と法律で規定するのは人間性のうちにそうした罪業を為す可能性がたっぷりと含まれているからにほかならない。

ただしいったん法律を犯したものに刑罰を科すと規定されれば、例外者を除いてはそれに従うであろうと想定しているという意味では、法律は「人間性にかんする半ばの猜疑《さいぎ》と半ばの信頼」（J・オルテガ）という際どい境界線上に立っているのである。僕がいいたいのは投票務もまたそうした境界線の上にあるということにほかならない。

多数決制は道徳的には相当に正統的だが政治的には大して正当ではない

投票は、ジェネラル・エレクション（総選挙）においてもコングレス（議会）においても、当たり前のこととして守られている。たしかに、国王や貴族たちによるマイノリティ・ディシジョン（少数決）は、長期的にみると、排除された多数者の反発を招かずにはいない。したがって国家のジッテ（慣習）として、というよりそれに含まれているはずのジットリヒカイト（人倫）あるいはモーレス（習俗）やエートス（集団感情）として、マジョリティ・ディシジョン（多数決）が、徳治《とくち》に沿うものとしてのレジティマシー（正統性）をもつと認めざるをえない。

だが、それが政治的にもジャスティファイアビリティ（正当性）をもつというのはどういうことであろうか。僕のみるところ、また僕の拙《つたな》い人生体験では、「多数派の意見はおおむね間違っている」ということのほうが圧倒的に多い。いや、そのように断言してはいけないであろう。立候補者の人柄にかんする評価や政党の公約にかんする大まかな判断においてならば、多数者の示すいわゆるコモンセンス（常識、人々に共通の感覚・知覚）が正《せい》鵠《こく》を射ていることも多いとみてさしつかえない。

　しかし国家の政策の具体的な姿については多数者はほとんど何もわかっていないとみて見当は外れない。ついでに申し添えておくと「政策の数値・期限・工程について選挙民に判断してもらう」という世を騒がせたいわゆるマニフェスト選挙は烏滸《おこ》の沙汰であったのだ。また、アジェンダ政治なるものも、会議の（参加者があらかじめ承知している）議題項目がアジェンダということなのだから、選挙民がそんなことは何も知らない以上、選挙に当たって掲げるべき政治課題なんかではありえなかったはずだ。

　いずれにせよ多数決制が正当とみなされてきたのは、それが「政治的に安定しているという意味で便宜の大きい代表者選出法」だということにすぎない。しかし誰もが知っているように、今の世界で最も政治的に安定しているのは中国やロシアにおけるような一党独裁、つまり実質的に代議制ではないような政治制度のほうである。

つまり多数決制の政治的便宜ということすらが疑われざるをえないのが各国の政治状況ときている。一言だけ付け加えておくとコンヴィニエンス（便宜）とは「コン（皆）がヴィーネ（集まる）ところ」ということなのだが、総選挙や議会における多数決がまるでスラップスティック（どたばた）の喜劇のように右往左往している状況をみれば、たとえ多数決制に人々が集まるとしても、「多数決を疑う者たちの多数決」だけが正当なのだとそろそろ認めるべきである。

2　いつになったら消えてくれる、民主主義という狂った言葉

過ぐる衆院総選挙の結果をみていて、まず思ったのは自由民主党が（現状維持としての）圧勝を遂げたのは当然の成り行きだということであった。朝鮮半島の危機が、選挙では騒がれていなかったものの現代列島人の耳目にしっかりと届いているからには、「日米同盟の強化はやむをえぬ仕儀であろう」し、また「目先の経済景気を何とか保ってくれるのは与党だけであろう」との判断が自由民主党への投票となったに違いない。

他方、立憲民主党なるものが十五人から五十人まで議員数を増やしたのもまた当然のことと思われた。「所得格差の拡大」には、それを縮小するための財源をどうするかは知らねども、多くの人々が何はともあれ不満を覚える。また「安保法制でアメリカにこれ以上追随するのも嫌だ」し、「自衛隊の存在を容認するのにやぶさかではないが、そうかといって大幅な改憲に踏み込むには自分らの憲法意識はまた貧しいと認めざるをえない」。そんな気分が立憲民主党への投票を増やすことになったのであろう。

しかし僕は、こんな選挙結果に何の関心も持てない。というのも自由民主党といい立憲民主党といい、民主主義なるものを疑う姿勢を何一つ示していないからである。

オクロスに堕ちていくデーモス

デーモスというギリシャ語が民衆ということを意味するのは、デモクラシーという言葉が定着している以上、多くの人が知っている。しかし、オクロスという言葉があり、それが衆愚ということを意味しているとわきまえている者は皆無に近い。「民」という漢語が「精神的に目を潰されて盲目となった人」という意味をもっていることについては問わないとしても、デモクラシーは素直に民衆政治と訳されるべきであったのだ。

そうしておけば、民衆の多くがもし賢いならば民衆政治から健全な政治がもたらされるであろうものの、逆に民衆が愚かならばデモクラシーは衆愚政治に転落するに違いないとわかる。論じられるべきは民衆の形作る世論とその反映としての投票が賢いか愚かかということにほかならない。

というより、政治学の出発点をなす古代アテネでのソクラテスやプラトンの議論は、デモクラシーがオクロクラシーに陥ることとほぼ必定という心配についてであった。つまり民衆政治はオリガキー（寡頭《かとう》政治）やプルトクラシー（金権政治）などを通じて最後にはタイラント（専制君主）をもたらすに至る、つまり独裁政治に帰着する、ということについてであったのだ。

その出発点を見失わなければ近代および現代のデモクラシーが古代アテネの顛末《てんまつ》をなぞっていることについてもすぐ洞察できたに相違ない。要するにデモクラシーは、独裁者をもたらすかもしくは衆愚のポピュラリティ（人気）にほぼ完全に左右される、といった哀れな結末に辿り着く。というより世界各国にそうした衆愚政治が現実のものとなって高く頭をもたげているのである。

W・チャーチルが「デモクラシーは最悪の政治より少し良いだけの制度にすぎない」といったことが高く評価されている。しかし僕にいわせればそんな言辞は的を外れている。デモクラシーはディクテーターシップ（独裁制）に対置されるべきものではない。シーザーやナポレオンに始まりヒットラーやスターリンを経て習近平やD・トランプに至るまで、すべて民衆の拍手喝采によって、ということはデモクラシーが頂点に達したことの結果として、独裁制へと（民主主義的な手続きを通じて）転化したのである。だから「デモクラシーは最悪の政治制度に転じる可能性まことに大なり」といわなければならないのである。繰り返すと民衆がアリストス（最優等）の者たちに近づいていくか、それともカキストス（最劣等）の者に変じていくか、論じられるべきはそれなのだ。僕のみるところ高度情報社会やら高度技術文明やらのせいで民衆は、ありあまる専門知に触れながらも、おのれらの人生と社会の全貌とその全体的な意味を見失っている。その意味でデーモスはオクロスをさらに超えてカキストトスになりつつある、と誇張と知りつつもあえていってのけたいのである。

誇張といえば、民主主義という日本語くらい誇張された翻訳語もまたとない。そもそもデモクラシーには「主権」という意味合いは何も含まれていないはずではないか。主権とは、日本国憲法の（アメリカの兵士たちが書いた）草案でもそうなっているのだが、ソヴリン・パワーつまり「崇高な権力」のことである。崇高などという形容は神や仏といった超越の次元にあるとされているものにのみあてがわれるべきであって、セキュラー（世俗的）さらにはヴァルガー（俗悪的）であることを免れえないものとしての民衆にたいしては過度の美辞麗句とみなさざるをえない。

いや、正確にいえば仮に民衆の多くがその国における歴史の英知ともいうべき伝統の精神を無自覚にせよ身につけているのならば、そうした民衆礼賛にも何ほどかの正統性が宿る。しかし、この近代の二百年余にあっては、新しい技術や情報と呼ばれるものによって各国民の伝統精神が粉々に嚙み砕かれてきたのである。そんなところに生きている民衆の欲望や行為に崇高さが伴うわけがない。

その証拠の一つといってよいと思うのだが、民主主義を彩っているオピニオン（意見）とは「根拠の定かならぬ臆説」のことなのである。

「崇高な権力」をもってはいけないはずの民衆を主権者と呼び、さらにそれに「イズム」（主義）という強い接尾語を付して民主主義などという言葉がこの列島に定着しているのはあまりにも嘆かわしい光景ではないか。そのことをちらとも自覚しないものだから、自由民主党とか立憲民主党とかいう党名が恥知らずにも喧伝されているのである。自由主義については後段に譲ることにして、ここでは「自由vs.立憲」という奇妙な対比について一言の批評を加えておこう。

自由民主党だって憲法違反を旨とする政党ではないのだから、というより憲法を規定とする法律体系に従って政治をやっているのであるから、自由民主党と立憲民主党の違いを理論的に見つけ出すことは不可能である。違いがあるとしたら既存の憲法を守るか変えるかの差でしかありえない。

日本国憲法は当たり前のことだが、改正条項を含んでいる。ということは過度の不都合が生じたら憲法を変えてもよいと憲法で認められているのである。むろん、かつてC・シュミットという憲法学者が論じたように、既存憲法の枠内における手続きでその憲法の根幹部分を変えること、それは憲法破壊に当たるわけであるから、不可能である。言い換えると根幹部分の改変は既存憲法にたいする「大破壊としての革命」を仕掛けることを意味する。

しかし、「革命などという大事業をするのか」と騒ぐ必要は毫もない。衆議院や参議院の議長が「この議会をもって新憲法制定会議とみなします」と宣すればよいだけのことにすぎない。もっと現実の騒ぎに即していうと、現憲法第九条第二項の「前項の目的（侵略戦争の禁止）を達するため、陸海空軍その他の戦力は、これを保持しない。国の交戦権は、これを認めない」という規定ははたして日本国家の根本規範か否かということについてである。

僕にいわせればこんな軍略についての話は、まずもって憲法の枝葉の部分に属するにすぎない。そうであればこそ国民の九五％くらいが自衛隊の存在を容認・歓迎しているのである。

憲法を直視しない立憲主義

そんな形式よりも大事なのは、民兵によるゲリラ戦や（マハトマ・ガンディ風の）非暴力不服従の精神主義では国家を守れないと知るならば、国防軍の存在を認めるのはアタリキシャリキの話だということである。

現憲法第九条の第二項を素直に解釈すると日本国民は「野蛮民族だから戦力をもたせればすぐ侵略に使う」もしくは「日本民族は阿呆だからどう努力しても侵略と自衛の区別がつけられない」ということを意味していることになる。百歩下がって、日本民族がその程度に劣等なのだとしても、そんな劣等民族が国家を樹立するのは国際社会にとっての大迷惑だということになるではないか。

自国が曲りなりにも一人前の国家だと認める以上は、国防軍をもつことに異論を差し挟む余地はない。僕がもしも首相ならば、第三項を追加して「自衛隊の存在は認める」とする前に、「第一項の侵略戦争禁止」、そして「第二項の非武装・不交戦」について、「それらを理想としつつも」という限定を付した上で「紛争・戦争の絶え間ない国際社会の歴史に鑑《かんが》みて、我が国は国防軍をもたねばならない」としたいところである。

安倍首相が平成二十七年秋に行った安保法制改定それ自体には、「前線での武力活動」にせよ「領土外への自衛隊派兵」にせよ、何の問題もありはしない。問題があるとしたらそれらの軍事活動がアメリカの指揮によって行われるという点である。さらにいうと「一〇〇％の日米同盟」という政治的宣伝に目角を立てる必要もない。論じられるべきはアメリカの間違った指揮に従わないためには、そして日米間の同盟をアメリカの恣意《しい》に委ねないためには、日本が強力な軍隊をもってみせるということである。

他書で論じたことなのでここでは繰り返さないが、僕は日本の核武装を必要とみなす者であり、そう構える理由はといえば、「アメリカへの七十余年に及ぶ従属」から逃れるためにほかならない。

いうまでもないことだが日本の核武装に最も強く反対するのはアメリカだと承知してはいる。ここで差し当たり指摘しておきたいのは、反米的な雰囲気を漂わせつつも核武装について一言もない立憲民主党などのいう国家独立は藁人形としてのアメリカ像を作っているにすぎないという一点である。

民主主義批判について論を進めるなら、日本国憲法はほぼ全面的に改変されるべきである。「知る権利」とか「地方自治の充実」を付け加えようなどという立憲民主党の口説《くぜつ》は噴飯物としか思われない。

現憲法前文の第一項における主権は国民に存するという文言は、ソヴリン・パワーとしての崇高な権力ではなく多数決制をとるということ、つまり「多数決制にもとづく」という単なる制度論にとどめられるべきであり、その第二項の「平和を愛する諸国民の公正と信義に信頼して、われらの安全と生存を保持する」という文句も（そんな平和愛好国民はいないも同然なのだから）控え目にいって単なる理想論であることを明記されるべきだし、第三項における「（この憲法で記されている）政治道徳の法則は普遍的なものである」という文章も（政治道徳は各国ごとに個別的・具体的・特殊的であるからには）削除されてしかるべきである。

もう一つだけ重要と思われる点を述べておくと、現憲法第三章における「基本的人権」や「自由権」や「個人の尊重」にあって「公共の福祉」がそれらへの権利への制限条件となっていることについての修正を迫らなければならない。なぜなら公共福祉の基準がどこからやってくるか、この憲法には一言もないからである。

というより多数決を至上としているこの憲法の趣旨からすれば民衆多数派の欲するところが公共基準だということになってしまう。しかしすでに述べたように民衆多数派の意見なるものは、えてしてオクロクラシーやカキストクラシーに落ち込む種類のものなのだ。逆にいうと国家の伝統精神が公共性の在り方を指し示す、というふうにこの憲法第三章は書き換えられなければならないのである。

「立憲」は結構毛だらけだとしても、「立派な憲法」を作ろうという姿勢がないような立憲主義は単なる法匪《ほうひ》の所業にとどまる。その点では自由民主党とて同じであって、この憲法がアメリカの新日本設計のための青写真であることについて、今の政治家たちはあまりにも無関心である。

ポピュリズムなる新語の効用

当然のことだが、こうした憲法の全面的改正を総選挙で騒ぎ立てるなどというのは今現在の日本におけるどんな政党にも不可能なことであろう。僕のいいたいのは選挙について論じる学者・評論家・ジャーナリスト・芸能タレントは、少しは物事を筋道立てて考えていささかなりとも明晰に物事を論じよ、ということにすぎない。

立候補者のセクハラ問題をはじめとするスキャンダルに興じたり、「希望の党」なる新党立ち上げ者の（改憲と安保法制に反対する者は「排除」するという）発言が露骨か否かなどと騒ぎ立てるのは幼稚園級の「民衆政治」にすぎないということである。そしてこのような低級軽薄な文言はすべて民主主義なる政治思想上の大錯覚に由来していると指摘しておきたい。

その証拠に民主主義者がポピュラリズム批判とは片腹痛いではないか。僕がここであえてポピュラリズムという言葉を使っているのは、ポピュリズム（人民主義）にはかなりに正当な意味合いがあったからである。つまり困窮せる人民の状態をどうしてくれる、というのがポピュリズムの本来の姿なのであった。今の人気主義はそれとは異なって、マスメディアにおいて浮動するムード（雰囲気）が政治を差配することをもって（間違って）ポピュリズムと呼んでいる。

人気のことを英語でポピュラリティということにもとづいて、僕はこの民主主義の断末魔めいた不安定な政治を指してポピュラリズムと呼び変えたいのである。これは帝政期ローマにおける「ヴォクス・ポプリ、ヴォクス・デイ」（民の声は神の声）というドンチャン騒ぎの再現とみえてならない。

3　リベラル・マインドの本義を忘れたリベラリズム

自由主義は歴史主義に通ず

抑圧や貧困から、さらには義務からすら、自由である状態を英語ではリベラルと呼んだりフリーと名づけたりする。前者はラテン語由来で後者はゲルマン語に発するという違いはあるものの、両者の間に意味上の区別は設けられていない。

それを日本語で自由と訳したのは西周《にしあまね》であるが、彼が福澤諭吉ほどでないとはいえ同じ明治人であったことを考えると、自由とは「自分の事由」のことをさしていたのではないかと思われる。諭吉がライトを（権利ではなく）「権理」と訳したについては、「物事のことわり（理）をはか（権）ること」とみなしたからである。その脈絡で自由をとらえると、それは「自分の為すことには理由があること」と考えられたのだと思われる。

いずれにせよリベラルという政治用語がフレーワード（称賛語）とされたり逆にブーワード（非難語）とされたりというふうに、政争のための用語にされることが多いのはとりわけ日米両国であるように見受けられる。もっとあっさりいうと、民主党vs.共和党というアメリカにおける政争がこの平成日本にストレートに持ち込まれて、リベラリズムは是か非かといった論争がとりわけこの平成末期において（自由民主党vs.立憲民主党の対立として）演じられているのである。そしてそれが、世論のレベルでは、「反権力と弱者保護」の政策の当否として論じられているわけだ。

僕はリベラリズムなるものに欺瞞《ぎまん》と偽善の臭いを感じとらずにはおれない。なぜといって、位階や組織のあるところにはかならず権力が発生するのであるから、反権力を唱えるのは社会制度論における欺瞞とみえずにはいないからである。また弱者保護は、施しを受けるがわの劣等感を刺激したり、それを授けるがわの不満感を膨らませるという成り行きになるので、弱者保護は世間の多数派に媚びるという意味で偽善と感じられる。実際に、社会保障を過度に推し進めると富者たちの投資意欲や革新意欲を殺《そ》ぐという点で実行不可能になることが多い。ここはひとつ、リベラリズムの本義を思い起こすことが必要だと思われる。

西欧でリベラルというのは、多かれ少なかれ宗教論および道徳論と深く関係している。つまり十五世紀の宗教改革論において、M・ルターは「人間は神の意志にたいして奴隷であるべきだ」と主張し、それにたいしてD・エラスムスは「人間は、たとえフォリー（痴愚）をさらそうとも、神はそれを見守って下さるのだから、みずからの自由意志で行動してよい」と唱えた。

いうまでもないことだが、エラスムスがリベルタン（勝手気儘《きまま》）を称揚したというのではない。歴史のもたらした国民の常識から大きく逸脱していないかぎり、その常識への解釈とその表現にあっては自由意志が介在して当然だ、といわんとしたのである。つまり西欧におけるリベラリズムには伝統への尊重という大前提がおかれている。

それをさしてオルテガは経験論を主流とするイギリスにあって「真の自由主義は歴史主義であるということが発見された」と指摘したわけだ。

だが移民国家として歴史感覚の乏しいアメリカ国民にあってはこの「伝統にもとづく自由」という態度が希薄である。また我が列島においても、大東亜戦争の敗北以来、伝統への尊重という態度はどんどん弱まってきたので、このエラスムスの線でのリベラリズムの本義が見失われてしまった。したがって自由民主主義における自由とは「個人の自由」のことばかりを意味し、それに対抗せんとする社会民主主義は「権力者の自由にたいする社会的規制」のことだとみなされてきた。

ところが自由民主党は、政策の現実性を重んじるという観点から、社会民主的な政策をふんだんに取り入れてきた。そのことを逆にいうと社会民主党の存在意義が薄らぎ、事実上、消滅の憂き目に遭うという顚末になっている。そこで立憲民主党なるものがにわかに設立され、政策の現実性のことは度外視して、「反権力と弱者保護」の口説たくましくしつつ、世論における反自民党的な気分の受け皿となっている次第である。

立憲民主党に「反米」の姿勢をみる者も現れているようだが、僕の思うに、それは大いなる見当違いではないのか。立憲民主党に集っている人々は、かの（民主党政権時における）マニフェスト政治に端的に現れたように、アメリカに顕著な合理主義に、つまり国家の未来を合理的に設計できるという考え方に強く傾いている。また、世論を至上とする意味での民主主義に色濃く染め上げられてもいる。さらには、イノヴェーショナリズム（革新主義）を掲げているということをも加えていうとモダニズム（近代主義）の悪弊にいささかも気づいていない。その点では自由民主党とて同工異曲ではあるのだが、立憲民主党に反米の姿勢を読みとることは困難である。

その証拠に軍事戦略においてアメリカに付き従うことについて立憲民主党は疑問符を呈してはいるものの、では「自国の防衛のために日本国家自身が何を為すべきなのか」ということについて立憲民主党は一言もない。それどころかこの日本国憲法がアメリカの（主として民主党のイデオロギーにもとづく）ソフトソーシャリズムを標榜しており、それゆえこの憲法には日本国家の歴史にたいする尊重の念が著しく欠けていることについての認識もほとんどない。

「立憲」の本義は「立派な憲法」を日本の歴史を思い起こしつつ再確認することであるはずなのに、彼ら民主主義者のいう立憲は結局のところアメリカ製憲法の趣旨を徹底させよということにすぎないのである。

自由における積極と消極

I・バーリンは、簡略にいうと、「抑圧からの」自由としての積極的自由と「理想への」自由としての消極的自由とを区別した。しかし、この区別は、重要ではあるもののさして明確だとは思われない。どだい、何をもって抑圧の状態とみなすか、また理想とされている未来の状態は妥当なのか否か、それを識別することが一般には厄介至極な作業なのである。

そればかりか、バーリンの区別は現実主義と理想主義との対抗ととらえられがちなのだが、しかし理想を含まない現実は単なる状況追随であるし、現実を踏まえない理想は単なる夢想耽溺に終わる。しかもそこに人間の認識と判断と実践におけるフォリビリティ（過《か》謬《びゅう》性、つまり「人間は間違いを犯しやすいということ」）を考えると、何をもってリベラリズムとみなすかがますます難しくなるのである。

加えるに、「どんな支配も服従への意志を前提としている」（M・ウェーバー）ということを考慮に入れざるをえない。つまり支配階層による指揮・命令はそれに服従する者が多いであろう、という見込みの上に遂行されるのである。支配者の権力を批判することはたやすいが、この支配と服従との相互依存を抜きにしては、どんな社会制度も成り立たないのである。たしかにいえるのは権力の過剰は不愉快な事実であるし、服従の過剰も屈辱的な事態であるということにとどまる。

しかも、大概のパワー（権力）はオーソリティ（権威）の発動として行われるという道筋を看過してはならない。一般に権威は国民の（英語で）モーレイズ（習俗）にもとづくモーラル（道徳）として打ち固められている。モーレイズやモーラルの体系としての「徳《とく》治《ち》」がなければいかなる「法治」も持続するはずがない。

また、徳治・法治なしの社会秩序などはありえないのであってみれば、権威・権力は、たとえ人々の感情において不愉快と思われる場合でも、社会秩序にとって必要悪とみなしてかまわない。そのことを無視しようとする米日両国のリベラリズムは欺瞞であり偽善であるといわれて致し方あるまい。

「社会による」弱者保護でなく「社会への」保障を

こうした理想と現実のあいだの錯綜をソーシャル・インシュアランス（社会保障）の問

題においてみてみよう。社会保障は近代二百年を通じて「弱者保護」というヒューマニズムの下に行われてきた。しかし、アメリカ民主党が企業利潤のほとんどすべてを手にしている（対人口比でいって）たった〇・一%の富裕層によって支援されていることをみれば明らかなように、またアメリカが数え挙げれば切りがないほどの侵略（武力先制攻撃）を他国に仕掛けていることからもはっきりとみてとれるように、ヒューマニズムにもとづいて国家構造や国際関係を喋々するほどの欺瞞・偽善はまたとない。

社会保障は、「社会による」弱者保護ではなく、「社会への」保障としてとらえられるべきではないのか。つまり強者と弱者のあいだの（所得におけるものをはじめとする）社会格差があまりにも大きくなるなら社会そのものが不安定になり、その結果として強者もまた損失を被る成り行きとなる。徳治にもとづいて格差が一定範囲に収められていなければ、社会そのものがひび割れるということである。

もっというと、徳治といい法治といいその本質はすでに述べたように「禁止の体系」である。つまり人間性礼賛のヒューマニズムではなく、人間性の半ばの不信と半ばの信頼にもとづいて社会秩序が打ち立てられるということだ。そうしたものとしての社会保障の基準は「平等と格差のあいだの平衡」としてのフェアネス（公正）の観念からもたらされる。逆にいうと平等主義は悪平等や画一の不自由な社会をもたらし、また格差の過剰は抑圧や専制といった不自由を帰結するということである。

いうまでもないことだが、公正の基準は状況が異なるごとに違ってくる。というより、現状判断と未来予測（および未来予想や未来想像）をめぐる人々の議論がとりあえずの公正基準を指し示すとみなすしかない。このことをここでのテーマである自由について敷衍《ふえん》するると、重要なのは「自由と秩序のあいだの平衡」としてのヴァイタリティ（活力）だということになる。

現代人は諸個人の自由にのみ活力の源泉を求めているが、人間が（アリストテレスのいった）ゾーオン・ポリティコンつまり政治的動物であるかぎり、いかなる社会秩序を人々が共同したり敵対したりしながら作り出すかということもまた人間の活力なのである。そしてここでもまた活力の基準は人々のあいだの議論によって暫定的に示されるにとどまる。公正についても然りであって、「過剰な平等」としての画一も「過剰な格差」としての差別も社会を不安定にするに相違ない。

そうした議論が発散する恐れなしとはしないものの、人々が「安定した社会にかんする安定化と活性化」という共通の課題を承認し合っているかぎり、人々の議論も一定範囲内に収束するとみてさしつかえあるまい。

ここで留意すべきは、日本語で個人といい英語でインディヴィデュアルといい、けっしてアンディヴァイダブル（分解不可能）な存在ではないということについてである。いかなる個人も私心だけではなく公心をも持ち合わせている。公と私という漢字について一言しておくと、「私」とは「食べ物を独り占めする」というエゴイズムであり、そして「公」とは私心を開いて「他者と公正に交際すること」を意味する。それを英語でプライヴェートとパブリックと呼んでも同じことだ。

いや、アメリカではパブリックの意味を取り違えられることが多く、たとえばパブリック・セクターというと政府部門のことをさすとされる。僕にいわせると、家庭であれ企業であれ地域であれ社会のなかに存続している以上は、かならずや公共性を兼ね備えているはずだ。

なぜこのことに触れるかというと、自由主義と個人主義があまりにも強く結びつけられてきたからにほかならない。たとえば個人や企業のコンペティション（競争）と簡単にいうが、「競」とは「似た者同士が並び立つこと」であり、コンピートもまた「互いに戦う」ことであるからには、そこに過剰な格差があってはならないのである。

かつて我が国で「適正競争」という言葉が用いられていたが、まさに適正・公正でなければ真の競争とはいえないのである。そしてその適正・公正の基準は社会の全体にあって歴史的に共有される秩序感覚や規範意識によって示唆される、とみなければならない。

「自由民主の価値観」を国家も世界も共有すべきだという言が罷り通っているが、それは大いに過《あやま》てる思想である。デモクラシーは「民衆政治」と訳されるべきであり、そして民衆政治がカキストクラシー（最劣等者の政治）をもたらす可能性についてはすでに述べたが、「公正な秩序」なき自由もまたレッセ・フェール（自由放任）の無秩序に陥っていく。掲げられるべきは歴史的常識としての「輿論《よろん》」の下での公正と「適正な秩序」の下での活力なのである。

ただし国際社会は、ひとまず社会であるとはいうものの、そうした公正と活力の基準があまりにも微弱であり、それゆえディスピュート（紛争、武力衝突寸前の口喧嘩）や戦争（国家間の武力衝突）が絶え間ない。とはいうものの国際社会もまたその深層においては公正と活力を探し求めているとひとまず措定《そてい》するのほかはない。そうであればこそ、国際法というものがどれほど曖昧でありその法律違反への制裁主体がほとんど存在しないにもかかわらず、各国家によって求められて四百年近く経っているのである。

今の日本政府は「自由民主の価値観外交」などを掲げているが、それは大間違いである。「公正活力の価値」とて国際社会に簡単に通用するはずはなく、価値観なるものを何ほどか現実のものとして共有できるのは、ネーション・ステート（国・家）の限界内においてであろう。十七世紀にH・グロティウスが国際法の大切をいったのも、国家間の紛争・戦争を調停するための外交術としてであるにすぎない。

世界連邦主義や世界共和国建設を唱えるのは、夢想の域を出るものではない。今の世界にナショナリズム（国民主義）が澎湃《ほうはい》として頭をもたげているのは、むしろ当然の成り行きとみてよい。国家は乗り越え不可能なものであり、大事なのはそれを「国家主義」にまで強化せずに国家間の「友好と敵対」のあいだのバランスを巧みにとりつづける外交の実践術なのだとみなければならない。

今の世界はおおむねその方向に進んでいるのに、独り我が国だけがヒューマニズムやパシフィズムの空語に頼り虚妄の外交（というより無外交）を続けている。その延長線上に浮かぶのは日本国家消滅の無残な姿だと察するなら、自由民主の価値もまた空無であるとそろそろわきまえるべきではないのか。

4　北朝鮮をめぐるあまたのデマゴギー

パトリ（父祖）の領土と文化のなかに生まれかつ死ぬ者として、僕にはパトリオティズム（愛国心というよりも祖国愛）がいわばアモール・ファティ（宿命愛）としてあると認めるのほかはない。だがそれは僕を取り囲む自然や慣習が美しいから、というのとは異なる。たとえそれらを醜く思うことがあったとしても、そこに自分の人生なるものを享けてきたのみならず、自分らの子孫をそこに誕生させた、という自覚から生じるものにすぎない。その意味において僕の国防心は自分の人生にたいする防衛心と大きく重なっていると認めざるをえない。

総選挙にみられた国防心の欠如

前回の衆院選が平成二十九年十月二十二日という時点に行われたのはなぜなのか。いわゆるモリカケ（森友学園および加計学園をめぐる安倍首相周辺の醜聞）問題を打ち消すためというのがメディアにおける見解とみえた。しかしそれに少し先んじてアメリカのトランプ大統領は「北朝鮮のロケットマンを始末する」といった類の発言を簡単になし、そして中国共産党の全国大会がさっさと済まされるという事態をみやっていると、北朝鮮が核兵器を手にして暴発したりアメリカがそれに先制攻撃を加えるといった可能性が極東において少しずつ高まっている、という事実を看過するわけにはいかない。

たしかに、朝鮮戦争勃発にかんする発言は、アメリカやイギリスのシンクタンクのものも含めて、どちらかといえば短いステートメントにとどまっている。しかし、歴史というものを多少とも振り返ってみれば間近に迫る戦争についてのコメントは短いのが普通なのである。そう考えればこの衆院選において各政党がどうして北朝鮮にたいする軍事的対応策を冒頭に掲げなかったのか、平和惚《ぼ》けも極点に達してしまったと断言してよいのではないか。

むろんのことだが、北朝鮮をめぐって戦争が実際に勃発するかどうか、たしかな予測をできるわけがない。だがどんな国家も、自国に大いなる戦争が押し寄せてくると（プレディクトつまり予測できないまでも）アンティシペイトつまり予想したりイマジンつまり想像したりしなければならないとなると、自国防衛のための軍事政策に真剣に取り組むのでなければいかなる政党公約も骨抜きの代物にすぎなくなる。この衆院選挙はまさにそうした醜態をさらしたのであった。

嗤《わら》うべきことに衆院選が終わってから麻生太郎副首相が「与党が圧勝したのは北朝鮮問題のおかげだ」と発言したことにたいし、「国難が政治利用されている」との批判が沸き上がった。僕は問いたい、北朝鮮問題が国難であると最初から分かっていたのならば、どうして国難への対処策についてほとんど論じないような衆院選が行われたのか、バカもほどほどにせいと。

メディアに登場する識者とやらたちの多くは、北朝鮮問題にかんし、「平和外交（話し合い）で解決せよ」というのでないとしたら、「経済制裁を強化せよ」と主張するにとどまっていた。これも苦笑するしかない顚末であった。

なぜといって七十数年前、我が国はアメリカからの（石油禁輸をはじめとする）強烈な経済制裁に耐えかねて、真珠湾へと突撃したではないか。金正恩総統が断言しているように強い経済制裁は宣戦布告とみなされて致し方ないのである。換言するとアメリカおよびその同盟諸国はすでに北朝鮮に宣戦布告しているということである。

だから、少なくとも政治の論理としていえば米朝間に武力衝突が始まって何の不思議もない以上、その事態に備えるのが周辺諸国家にとって最大の仕事となるはずだ。そのことを無視して消費税の二％アップがどうの幼児教育の無償化がどうのという議論に終始するのは、その国民の政治意識が魯鈍《ろどん》であるか、もしくはデマゴギー（民衆煽動のための嘘話）に飲み込まれているにすぎない。

確認しておきたいのは、戦後日本人が「デマ」の意味をすら把握していないという点についてである。デマはデマゴギーの冒頭部分をさすのであるから、直訳すると「民衆的」ということを意味する。要するに民衆の多くは「世間に広まる嘘話」を好んだり、それに誑《たぶら》かされやすいということである。北朝鮮問題を脇におくような総選挙などはまさしくデマ話の花盛りと呼んでさしつかえない。

このデマは随分前から始まっている。というのも「北朝鮮が核武装をしてどうして悪いのか」という問題にいささかの解答も与えられてこなかったからだ。なるほど、ＮＰＴ（核不拡散条約）というものがありはするが、北朝鮮はそれからすでに脱退している。そしてその条約には「周辺事情によっては脱退してかまわない」という規定すらがあるのである。北朝鮮の政治体制を是認するかどうかは政治的かつ文化的な問題であって、軍事問題として北朝鮮の振る舞いを眺めれば、ＮＰＴを脱退したからには北朝鮮には核武装する権利が（国際法上）あるとみざるをえない。

実際、これまでも、イスラエルやインドやパキスタンがＮＰＴに不参加や脱退を表明して核武装している。それをアメリカという最強の軍事国家が容認してきたのは、それら諸国がアメリカの同盟国もしくは非敵対国であったからにほかならない。アメリカと日本が、「一〇〇％の軍事同盟」を約しつつ、北朝鮮の核武装に非を鳴らしているのは、その国家が日米への敵対意識を剝《む》き出しにしているからなのだ。

振り返れば我が日本も戦前戦中派の指導者がいたあいだは少しはましであった。つまり、ＮＰＴを国会で批准するのに（締結から）六年余をかけたのである。要するに一九六五年に中国が核武装をしたのをみて、我が国も核武装するのもやむなき、という見解がその批准を遅らせたのである。それにもかかわらず今現在では、ＮＰＴが不動の正義であるかのようにこの列島では喧伝されている。

なぜ我が国は自国の核武装を絶対悪も同然とみなすようになったのか。それは我が国が「アメリカの核の傘」の下に生存しうるとみなしてきたからではないのか。しかしその「核の傘」は、ICBM（大陸間弾道弾）やSLBM（潜水艦発射弾道弾）ができてからは、物理的にいってすでに破れ傘であるに決まっている。つまりアメリカは自国が核で報復されることを覚悟の上で日本を守ってくれるなどということは絶対に起こりえないのだ。その意味で、トランプ米大統領が（選挙期間中とはいえ）「日本や韓国は核武装でもして自国を自分で守れ」といってくれたのはまさに正鵠を射ていたのだ。

そんなことよりも北朝鮮の核武装に反対する根拠がどこにあるかを再吟味することが先決ではある。北朝鮮がかつてはアグレッシヴネス（侵略性）を剥き出しにしていたことは否定できない。大韓航空機の爆破や贋ドル札印刷や麻薬密売などを数え上げていくと、いや日本人の大量拉致《らち》問題を取り上げただけでもその国家の侵略性は明らかであったといってよい。そして、過度に侵略的な国家が核武装するのは国際社会にとって大迷惑であるという理屈にもとづいて、国際社会はそんな国家の核武装にあれやこれやの邪魔立てをするのは理に適っている。ただし、そうならば「拉致は人道問題なので日朝の二国間協議で」、そして「核武装は軍事問題なので六か国間協議で」などという分離を行った理由がわからなくなる。

だがここで大問題が生じる。世界で最も侵略的な国家はどこかと問われれば、心あるものはかならずや「アメリカだ」と答えるであろう。アメリカン・ネイティヴやジャパニーズ（の一般人）にたいする大量虐殺のことまで戻らずとも、ヴェトナム戦争、イラク戦争、シリア戦争、さらにはエジプト、リビア、スーダン、イエーメン、ウクライナなどにおけるアメリカの関与を含めると、アメリカほど侵略的な国家は世界史に類をみないと断言せざるをえないのである。

そのアメリカが、NPTには「既核保有国は核軍縮に努めるべし」と規定されているにもかかわらず、たとえばオバマ政権時にあって核性能強化のために軍事予算を三〇%ばかり増やしている。そんな経緯にあって北朝鮮の核武装を禁圧する理由は道徳的にも政治的にも少しもありはしないのだ。

世界警察などありはしない

トランプ大統領は、アメリカ国内の政治分裂や景気低迷を前にして、「世界警察の地位から下りる」と宣言している。しかし、そもそもワールド・ポリス（世界警察）などありはしないのだ。国連常任理事国の米露中英仏の五か国は、第二次世界大戦において勝利したユナイテド（あるいはアライド）・ネイションズ、つまり連合国であるにすぎない。北朝鮮についてはその旧連合国の意見が（対朝制裁という点で）一致しているとはいえ、これまではいずれかが拒否権を発動してきたため機能不全に陥っていたし、そもそも国際社会の意志をなぜそれら五大国が代表しうるのか、正当な理由が何らみつからない。

というこことは世界警察なるものは存在せず、あるのはたかだかアメリカをはじめとするあれこれの大国によって率いられる多国籍軍が時と所と場合に応じて形成される、ということにとどまる。約言すると、ワールド・ガヴァメント（世界政府）などが存在しない以上、世界警察もまた存在しないということである。

このことはインターナショナル・ロー（国際法）なるものの不安定さの反映ともいえる。つまり、国際法への違反があったとしても、それに制裁を加える政治主体が公式には存在しないということである。

我が国では「国際法によって国際秩序の在り方が示され、日本もまたその秩序に服した上で、国内秩序を日本の国会で形作る」と考えられることが多い。「国際貢献」なる美辞麗句が高く掲げられるのはその結果といってよい。だが、そんな国家秩序に先行する国際秩序などはありはしないのだ。

国際社会の秩序は国家間のバランス・オヴ・パワー（実力の平衡）としてのみ探られる

ものにすぎない。いわんや、国際法なるものの実体は、国連における決議や宣言の集まりなのであり、その経緯を左右しているのは安保理常任理事国などの世界列強であることを考えれば国際法などに至上の価値をおくいわれは毫もないのである。戦後日本が国際法を秩序の最高位においてきたのは、国家意識の自己放棄の現れとみざるをえない。

国際法が無意味だといいたいのではない。具体例でいえばジェノサイド（民族絶滅）やスレーヴ・トレード（奴隷交易）などを認めているような国家と関係を取り結ぶのは、少々なりともシヴィライズド（文明化、つまり公共心の普及）した国家にあっては不可能である。つづめていうと国際法は、弱々しいものにとどまるとはいえ、世界秩序にとってあるべき道徳的方向を示唆していると認めなければならない。貧窮国や被災国への経済援助が行われるのも、その徳治の線に沿ってだといってさしつかえない。

しかしながら世界政府などは、存在しない以上に存在してはならぬものなのである。そんなものがあるとすれば七十億の人類が世界政府によって画一的に統制されてしまうという、まさにアンチ・ヒューマニズムの事態が到来する。それもそのはず各国の秩序が各国の歴史や具体的にみて互いに異なるからには多種多様だと認めるのほかないのである。問題はその多様性のあいだの理解と誤解（友好と敵対、同調と反発、依存と衝突）を実践的に調整していくことであり、それすなわちバランス・オヴ・パワーの実践術にほかならない。

北朝鮮問題に話を戻すと、制裁か話し合いかなどの二者択一は子供の所業である。必要なのは二者間の状況に応じたバランスなのだが、今のアメリカと英国は、イラク侵略に端的にみられたようにそうした外交術において失敗している。

いやもっと酷いのは我が日本であって、米英両国は議会の調査委員会で曲がりなりにも「イラクに大量兵器はなかった」と、その不法にたいする賠償は何一つ払っていないとはいえ、認めている。ところが我が政府や議会は今に至るもなお、「大量兵器が無いことを証明するのは当時のサダム・フセインイラク大統領の責任であった」と言い続けている。「無いことを証明する」のは「悪魔の証明」といって不可能なのである。そんなことをすら十五年近くかけても理解できないのだから、というよりそのことについての議論すら起こさないのだから、我が国の外交術は地に堕《お》ちたといって過言ではあるまい。そんな顚末になっているのは我が国が七十年余にわたってアメリカという親の陰に隠れている子供でありつづけてきたことの結果なのではないか。

加えて北朝鮮を独裁体制と難詰《なんきつ》するのにも問題が残ることを確認しておきたい。既述したようにデモクラシーは、大いなる難関にさしかかると、「デモクラティックな方法」（国民投票や国民運動）によってみずからを否定して独裁体制へと転じるのである。

北朝鮮の正式国名が朝鮮民主主義人民共和国であるのは、民主主義を盲信する我が国民にとっても大いなる皮肉といってよいのではないか。民主主義だの人民主義だの共和主義だのの美名を被せられた抑圧体制というものがこの世にあるということだ。

国民の歴史感覚や伝統精神にもとづかないようなデモクラシーもポピュラリズム（人気主義）もリパブリック（共和国）もつまりはデマなのである。これまで一言も付してこなかった共和主義について触れておくとリパブリックを共和国と訳し、それを君主制の対立物とみなすのは大いなる誤謬である。リ・パブリックとは「公共的なもの」の謂いであるが、国民の公共精神のなかに国王制や君主制を認める構えがあるのならば、その体制の提唱者であるJ－J・ルソーも指摘しているように共和制と君主制は矛盾しないのである。

というより、リパブリックに「和」という意味などは含まれていないのであるから、それはむしろ「公衆制」と訳されるべきであった。つまり公共心をもつ人々による代議制、それがリパブリックなのである。民主制などという政治用語は、主権などという余計なものを含んでいるという理由で排されるべきであり、公衆制こそが目指されるべき体制だということである。そんなことすら少しも分かられていない現代世界にあって、北朝鮮を悪魔あつかいするのは、北朝鮮が酷い国家であることを認めつつも、みずからの無知をさらす所業だといわざるをえない。

5　アメリカから独立するには「核」武装が必要

本節では、日本の宗主国アメリカは手を替え品を替えて執拗に反対するではあろうが、日本は外交の間隙を縫っていわゆる「独立核」あるいは「自立核」の製造と保有に着手すべきだ、という僕の見解を述べ立ててみたい。だが厄介なことに、戦後日本人にたいしてはまずインディペンデンス（独立）とは何かについて説明しなければならないときている。

独立ということの本義

「他人に恃《たの》むな、おのれに恃め」（内村鑑三）ということをもって独立の精神とみなす者がいる。しかし他者とは何か自己とは何か、という問いへの答えは案外に難しいのである。自己というものを解釈してみると、そこに世界や国家や（おのれの帰属する）集団の歴史のもたらした慣習体系（文化）の諸要素を見て取ることができる。

セルフ（自己）などはそれら自己以外の諸要素によって色づけされたあとに残る白色浮き出しのようなもので、その「残余としての自己」に具体的な内容を与えることは困難なのである。そのいささかならず意味不明の自己にたいして独立せよ、つまり他者にインディペンデント（依存しないように）せよ、といっても無理難題というほかはない。福澤諭吉に倣って「一身独立して一国独立す」といってみても、その一身はどんな地盤の上に独立するのかが問われなければならない。その答えはおそらく自国の歴史や文化の上にということになるであろうから、諭吉の弁は同義反復だということになってしまう。それどころか社会学的知見がいささかでもあれば、個人といい国家といい、他人や他国との相互依存の連関のなかにあるということから論を起こさねばならぬと了解するほかない。そのことを強調誇張して他者との協調や友好や平和のために努めよという世論がはびこっているのは残念至極ではある。要するに、一身一国の独立を無条件に前提するわけにはいかないということだ。

ここで明白にさるべきは、他者との依存関係がなんであるかについてはインタープリテーション（解釈）あるいはヘルメノイティーク（解釈）が必要だ、という一点である。依存する対象がたとえば慣習体系のように客観的な事物として観察されうるとするならば、そうした解釈はほとんど不要だということになろう。しかし慣習に内蔵されているはずの国民の共有する「状況のなかでの平衡感覚」としてのトラディッション（伝統）、それこそが大事なのであってみれば、その伝統の何たるかについては各人各様の判断が必要になり、いわんや実践のなかでそれをいかに具体的なマナー（作法）として表現するかは時と所と場合によるとしかいいようがない。

解釈といい表現といい、それらは各個人なり各国民なりハイポサシス（仮説）として提示される。個人の人生も国家の時代もそれらの仮説を実地に検証してみて成功したり失敗したりするという過程のことにほかならない。

そしてそれらの仮説前提をフォーム（形成）しディダクト（演繹《えんえき》、論理的に命題を導出）しテスト（検証）するのは、個人や国家のサブジェクティヴ（主観的かつ主体的）な営みであり、それすなわち独立ということなのである。日本国家の独立が今問われなければならないのは、戦後七十余年間その主体的な努力を宗主国アメリカにほぼ完全に委ねてきた、というより平衡感覚としての伝統を放棄してきた、という哀れな経緯を自己批評することではないのか。

「自尊と自立」が「安全と生存」に先んじる

いかなる個人も、その公心の側面にあっては「自立することに自尊を感じる」はずである。他者や他国に従属することによって安全に生存したとしても、そんな人生や時代の生は、精神的動物としての人間にとって自尊と自立を喪失した果てで空無感や屈辱感をもたらして御仕舞となる。

N・マッキャヴェッリが『君主論』を書き、T・ホッブスが『リヴァイアサン』を記したのも、おのれらの属する都市国家や「国民の政府」（国家）の自尊自立のために安全生存を図る、という目標の下においてであった。

なぜこのことに触れるかというと、大概の国防論は国家の安全と生存から論を起こし、そしてたとえば自衛隊や日米軍事同盟の存在が不可欠と主張するにとどまっているからである。

そのひとつの証拠を示すと、すでにみたように現憲法の前文第二項で「平和を愛する諸国民の公正と信義に信頼して、われらの安全と生存を保持しようと決意した」と規定されている。そして、かつてその平和愛好勢力は（左翼陣営にあって）ソ連と中国だとみなされていたし、今ではそれは（反左翼を自称する陣営にあって）アメリカだということになっている。だが、それら三国は周辺諸国や地球の反対がわにある外国まで侵略をなそうとしてきたし現にそうしてもいる。戦後日本の対米従属はわざわざ指摘するまでもない明らかな事実である。そんな屈辱のなかで得る安全や生存はどうみても戦後日本人の自立心と自尊心の欠如をもたらさずにはいなかったのである。

このことがとりわけて重要となるのは日本の核武装という問題においてである。まずアメリカは、北朝鮮の核武装をすら容認しようとしているというのに、日本の核武装についてはほぼ絶対に許容しはしないであろう。そのことを端的に表していたのが（一九七一年のヘンリー・キッシンジャーと周恩来との会談において）「日本という変な国に核をもたせはしない」と確約しているという事実だ。

戦後日本人はよく「唯一の被爆国」ということを強調する。しかし、その被爆体験のゆえにみずからの核武装を「排斥するのか推進するのか」、その区別を可能にするための政治思想が何一つ示されていない。最近に至り北朝鮮の核武装という現実を前にして、「アメリカの核持ち込みを認めよう」と提言されたり、日米間における「核の共同保有を始めよう」といったようなことが国防論の一部で囁《ささや》かれてはいる。しかし、アメリカが日本のためにみずからを核被害の危険にさらすわけがないと考えれば、そんな提案は空理空論の類に属する。

日本の核武装に反対する者たちにあって「核は使用されない兵器だ」という意見が罷り通っている。なるほど、原爆や水爆を敵国に打ち込むのは報復核を打ち返される恐れ大なのであるから、実行困難であることはすぐ見当がつく。

しかし核が本当に使われない兵器だというのなら、米国に始まり露中英仏を経てイスラエル・インド・パキスタン・北朝鮮に至る九か国がなぜ核を放棄しないのか、どうして核軍縮に向かわないのか、まったく説明することができない。要するに核兵器はミリタリー・スレット（軍事的威嚇）の道具として極めて有効だということである。

そしてそれが威嚇でありうるのは、状況次第では核が実際に使用される可能性を否定できない（とみなされている）からだと考えるほかない。今の朝鮮半島危機にあってテレビや新聞に登場する識者とやらたちが「北朝鮮やアメリカが核を使用するかどうかについて」イエスと答えたりノーと応じたりしている。しかし僕ならばそのいずれをとるにせよ、？マークを付記しておく。

なぜといって戦争史を眺め返せば、予測を逸脱する形で侵略が開始されていることが多いからである。つまり、状況なるものは「予測可能なものとしてのリスク（危険）」を超えて「予測不可能なものとしてのクライシス（危機）」を多分に含んでいるということだ。そうであればこそ核兵器は強力な威嚇の道具として国際秩序の中心に居座っているのである。

「実力なき言葉だけの外交」

日本はやろうと決意すればごく短期間に核武装することができるといわれている。それなのに核武装論がほぼタブーとなっているのは、そんな論を繰り広げればアメリカの反発を招くこと必至という暗黙の了解があるからではないのか。そんなところで仮に核の共同所有をやってみたとて、結局のところはアメリカの決断によって事態が左右されることになるのは疑いようがない。

この事態の延長線上にあるのは「日本の対米服属」の限りなき延長という展望ではないのか。それは同時に日本人の独立と自尊を枯死させてしまうし、現にそれは息も絶えだえになっている。安全と生存を最高の価値としてきたために戦後日本は「踏んづけてくれ、だが命だけは助けてくれ」（O・シュペングラー）と公言して恥じない一億三千万の哀れな民人《たみびと》となってしまったのではないか。

政治思想の次元でのみいえば独立と自尊のためには核兵器が絶対に必要だとは断言できない。それどころか国防軍の存在すらをも否定する政治思想というものもありうる。つまり、民兵によるゲリラ戦によって侵略軍に抵抗するという方法も考えられるし、さらには（かつてマハトマ・ガンディが率先したように）「非暴力不服従」という捨て身の戦法も考えられる。とくに後者が当時の植民帝国イギリスにたいしてきわめて大きなテロル（恐怖）を与えたことは否定できない。

だがそれから七十年余、それらの不正規の戦法は（ISつまりイスラミック・ステートがテロルを続行しているとはいえ）敵国の強大な武力の前で敗北に至ることほぼ明らかといってよい。だからおおよそ自明のこととして国防軍の創立と核武装の準備とに着手しなければばならないのは今此処においてなのである。「実力なき言葉だけの外交」がどんなに無力か、それは戦争史の各頁に記されている。

幸いにも我が国は、大東亜戦争の敗北以来ずっと、際立って非侵略的な国家として名を馳せている。侵略的な国家と国際社会からみなされていれば、そんな国家の核武装が国際社会からの邪魔立てによって頓挫するのは眼にみえている。

むろん、近代の軍隊は近代的つまり合理的に編成される組織なのである以上、状況の如何んでは自衛性を弱めて侵略性を強めることになる可能性を否定できはしない。だから僕はかねてより「核兵器は先制攻撃には用いず、あくまで報復用にとどめる」と憲法に明記せよ、そして「他国にも核による先制攻撃を禁止せよと迫れ」と主張してきた。

通常兵器にあってならば、相手が侵略の準備をしているという情報が次々と入ってくる場合、いわゆるプリヴェンティヴ・プリエンプション（予防的先制）が多少は許されるであろう。しかし核のような大量破壊兵器の場合、予防的先制もまた侵略に当たると厳密に定義しなければなるまい。なぜといって、相手の侵略準備が実行の寸前で中止されるという可能性も考えられるからである。相手が侵略を中止していたにもかかわらず当国が核兵器で相手国民に何百万という死者を生じさせるということになってしまえば、それは自国の独立と自尊を甚だしく傷つける。さらにそうした軍隊の暴走に首相・大統領が引きずられてしまうという事態も考えておかなければならない。

核を報復にのみ限定せよという要求は、論理的にいって、自国民における数百万人の死に耐え、そしてそれに耐えたあとで報復に立ち上がる、というほとんどガンディイズムにも似たパッション（受苦への情熱）を必要とする。そうしたパッションを国民が共有してこそ国家の独立と自尊が輝きを増す、というふうに言い換えてもよい。

サンフランシスコ講和条約は日米安保条約と抱き合わせになっており、それゆえそこで日本の国家主権が回復されたなどと思うのは大間違いなのだ。戦後日本はいぜんとしてアメリカのプロテクトレート（保護領）あるいはテリトリー（投票権なき自治区）としての「准州」）でありつづけている。独立核、それは国家の独立に主眼をおくものなのだ。

もちろん、国家の独立と自尊を強調するからといって国家「主権」のことを野放図に喧伝しようというのではない。国際社会における条約や協定の制約がどんな国家にも多少とも及ばざるをえないのである。国家主権なるものはたかだか「国際関係をめぐる外交の在り方を最終的に決断する主体は各国家である」といっているにすぎない。その主権はソヴリン（崇高）な権力としての主権というよりもむしろプライマリー・パワー（基礎的権力）の形成因たるデュー・プロセス・オヴ・ロー（法律上の適正手続き）にとどまるとみておかなければならない。

シヴィリアンとは何か

「独立核」がいわゆる専守防衛にとどめられるべきだというのが僕の意見でありはするものの、しかし、専守防衛ということの意味すらがこの国では曖昧になっている。立憲民主党などがまたしても主張しているように「日本の領土内における防衛」、それに徹するのが専守防衛と解釈されてきた。しかし国際関係が広域に及んでいるからには、ことが通常兵器にかんすることならば、いわゆる「安保法制」があらたに規定したように海外への派兵や前線での武力活動などは、必要かつ可能であるかぎり許されるとしなければならない。

だがしかし、核兵器は特別である。近代科学が作り出した悪の業火ともいうべきこの大量破壊兵器については、「日本領土が核攻撃された場合にのみ報復核として相手国に打ち込むことが許される」と厳密に規定しておかなければならない。いうまでもなく通常兵器と呼ばれているもののなかに大量破壊性を強めているものが少なくないと認めつつも、核兵器は特別に危険な代物であると限定することによって、国際法の本質ともいうべき「戦争における節度」を守らなければならないのだ。

そうした節度を失った上での核兵器への依存は、たとえそれによって国家の自立が可能になったとしても、国家の自尊心を傷つける因となるのではないか。それに加えて、すでに言及したことだが、核兵器をもつからには軍隊へのシヴィリアン・コントロールを確立する必要があると認めておかなければならない。

しかもここでいうシヴィリアンとは単に「国防の最高指揮者が軍人ではない」とか、戦争開始には議会の承認が必要といった類の形式上のことだけではない。キヴィタス（公心を持った市民）の振る舞いがシヴィリアンなのであり、そしてシヴィリアンは世界観に始まり国家観を経て人間観に至るまでの幅広い教養を状況に応じて具体化できるような能力の持ち主のことをさす。

その意味で（アメリカや中国に顕著な）ミリタリズム（軍国主義）などは、とりわけ核武装についてそれを示すのは、言語道断の振る舞いだ。僕のいいたいのは核武装という軍事問題の頂点を目指すからには、その問題にかんするコモンセンス（歴史的かつ社会的に国民において共有されるはずの常識）が重要となる。そしてその常識の知恵について「考えること、つまり仮説を組み立てること」、それをあくなく追求するのが国民としての自立と自尊の根拠となるのである。

なお原発について一言だけ付け加えておくと、「再生可能エネルギー」の未来について何の展望もないのに、「プルトニウムの廃棄場」がないといった理由で反原発をいうのには、僕は異和をしか覚えない。あえてあっさりいうと、この巨大な東京文明は、百年後あたりにはまるごと廃棄物の集積と化すのであって、それの廃棄場などみつかるはずもないのだ。簡単にいうと、技術文明はなべてイリヴァージブル（不可逆）な代物だということについて、現代人は鈍感すぎる。つまり「安全な技術を」という視点から反原発を気持ちよさそうに言い立てる者たちは、近代技術なる「常に危険を孕《はら》んだ」代物（自動車、薬品、食品をはじめとして）がおのれの心身に食い込んでいることについて無知きわまりないのだ。

第二章　瀕死の世相における人間群像

1　スマホ人——世界を弄んでいるうち世界に弄ばれている人々の群れ

もう一年以上、電車に乗ったことがない。祖師谷大蔵と都心のあいだの往復も新丸子（にある東洋クリニック）との行き帰りも、すべてタクシーを使っているわけだ。大した貯えもないのに、この喜びの感情も寿の気持ちもいささかもなき喜寿者、なにゆえに電車恐怖症に罹《かか》り、それゆえに結構な額の交通費を払わねばならぬ破目になったのか。

理由は唯一つ、スマホ人の群れを眼にすると吐き気が催されてならないことだ。電車に乗ると、客の八割がスマホとやらを弄《いじ》り、その八割が（聞き及ぶところによると）ゲームとやらをやっているのだという。それをみていてこの喜寿者の死が早まるかどうか定かではないし、たとえ早まったとてそれ自体はどうということもない。ただ、「死んでも治らぬ莫迦《ばか》者たちに囲まれている」と思うことからくる不愉快の気分、それだけは避けたい、そうしなければ喜寿まで生きてしまった甲斐がないと思われてならないのだ。

まずゲームという名の「あそび」についていうと、この老人、ヨハン・ホイジンガの『ホモ・ルーデンス』（あそぶ者としての人間）の所説におおよそ同意してすでに久しいのである。つまり、一つに、あそびは「非日常の時空」で演じられるはずのものであり、しかも「真剣なあそび」がピュエリリズム（文化的小児病）を免れるには、「厳格なルール」の下に演じられるとともに「聖なる感覚」を伴うものでなければならぬ、とホイジンガはいっている。その考えを受け入れているこの老人には、小田急線でみせつけられる乗客の群れは文化的小児病患者の集まりとしか映じない。

次に、スマホとやらに――フォーンを「ホ」と略する言語感覚に不平をいうのは、テレビでヴィジョンを「ビ」と略するのにたいするのと同じ異和を覚えることについては不問に付すとして――詰まっている情報とかいうものにいったい何の意味があるというのか。たとえば、そこからは欧州でのISテロのことも日本での（息子による）母妹殺しのことも、その他ありとあらゆるフォーメーション（型）のイン（中）に収められた「情」況「報」告が出てくるのではあろう。だが、その型式の出所も情況の背景も報告の意味も、いわゆるステレオタイプ（紋切型）の解釈に委ねられている。たとえば「高度情報社会の不安定性」の一語で今の時代が解釈されてしまっているということだ。

しかも、それらスマホから次々と飛び出てくる情報は、彼ら小児病患者のオツムの程度から推し量るに、次々と忘却されていくに決まっているのである。

いや、正確には、「覚えている《リメンバー》」のかもしれないが、それを「思い出す《リメンバー》」には、その人のあまり動《ゆる》がぬ判断とそれにもとづく多少とも真面目な選択が必要だ。そういう判断力を持つには、暫《しば》しスマホを閉じて沈思黙考してみなければならないのに、スマホ人はボタンを押すことに懸命で、思うことも考えることもしていないのは請け合いだ。その結果はといえば、小児が単なる阿呆になること以外にない。——こんな乱暴をいわぬのが喜寿者の守るべき作法と心得てはいるのだが、しかし、事態がここまでグロテスクになれば、遠慮しているわけにはいかない——。

そういえば、グロテスクの語源はグロッタ（洞窟や廃屋）だということを知っているこの老人には、スマホが人間精神の廃物小屋とみえてならないのだ。たとえば、ある食い物屋のカウンターで、隣の客が一人でスマホを弄りながら食事をしており、不意にコックに語りかける。「ロンドン・マーケットが荒れてるぞ」。コックがそれに応えて「ああ、そうですか」。株の一枚も持っていそうにないこの客と料理人のあいだのこの会話にいったいどんな意味を見出せばよいのか。「現代資本主義に危機が訪れている」といいたいのなら別様の話し方があろうというものだ。こんな「時と所と場合」をわきまえぬスマホ話が文明を廃墟と化すのである、と当方も思わず知らず大言壮語を吐きたくなってしまう。ケイタイにせよスマホにせよ、それらが便利な代物だとはこの半死者とて知っている。だから、飲み屋で、「〝流れ流れて行き着く先は〜〟の『流浪の旅』はいつ誰が最初に歌ったのかその便利品ですぐ調べてくれ」と仲間の若者に頼むことがある。——それをメゾソプラノのクラシック歌手青山恵子さんにテレビで歌ってもらえないものか、と画策していた途中でのことである――。

コンヴィニエンス（便利）とは人々がコンヴィーン（集まる）のを容易にする材料のことにかかわっている。だが、「馬鹿な奴ほど木に登る」のと同じく、「阿呆な連中ほど便利品の周りに集まる」のである。集まって阿呆なことをやるのを騒擾《そうじょう》というのだとわかっていれば、不便という迂路を通ったほうが、巡りめぐって、その集まりに意義が生じるということもある。と考える余裕がなぜ今の世間からなくなったのか、とこの（頸椎《けいつい》の曲がりで悩んでいる）老人の首がさらにかしがってくる。

とはいうものの、電車内で新聞や書物を読んでいたかつての通勤者たちの振る舞いとスマホ人の所業とはどこが違うのであろうか。ゲームに熱中している者たちのことを除いて、スマホで最新情報とやらに接している者に話を限定すれば、新聞・書物の自然な延長線上にスマホが出てきたといえそうにひとまず思われはする。しかし能動（積極）と受動（消極）の違いは歴然としている。どの新聞のどの欄をみるか、どの作者のどの本を買うか、の自主的選択の姿勢が前スマホ人には多少ともあったのではないか。それにたいしスマホ人は適当にボタンを押したら出てきた情報に受け身で反応しているにすぎないと察しられる。姿勢の基本がかく受動態にとどまるなら、その情報を疑ったり解釈し直したりする営みなどに勢力を注ぐはずはないと見当がすぐつく。

いや、新聞や週刊誌の車内読者に、いわんや漫画本の頁をさっさかめくっている者たちにとて、そうした情報解釈の努力があったとは思われない。だから、スマホ人はさして新奇な生物ではないのかもしれない。それは、小商店群がコンビニエンスストアにとって替わられたのと似た現象で、便利さの無限追求という路線をひた走る現代文明の必然の結果とみるべきで、かつて軽い侮蔑《ぶべつ》語であった「新しがり屋」をそれら両方にあてがっておけばよいのかもしれない。

ただし、前スマホ人には「自分が何を読んでいるか」について車内の公衆の前でアピア(進んで姿を現す)姿勢があった。そのかぎりで彼らにはパブリック・マインドの一片か二片かは残っていた。スマホ人にはそれがなく、プライヴェート・マインド(私心、つまり他者から隔絶された密室に閉じ籠もる習性)にのめり込んでいるのではないか。だから彼らは目の前に立っている老人や身障者に目線をやって席を譲るということなどできはしないのだ。

スマホ人は人間心性のプライヴァタイゼーション(私人化)の極致で生きている。彼らは一人ずつ小さな砂粒となって、しかし皆して寄り集まって、巨大な砂山となっている。しかし砂山は、ひとたび風が吹けば、集まりとしては一夜にして姿形を変えつつ、個々の粒子としては次々といずこへともなく飛んでいくに決まっている。世界の処々におけるスマホ人をたくさん乗せた電車脱線などの大事故はそのことを人々に予期させるべく起こっているのではないか、呵々。

2 選挙人――「塵も積もれば山となる」朽ちんばかりの病葉の群れ

選挙権が十八歳まで引き下げられた。社会が成熟していれば、政治という「矛盾の実践的解決」に携わるには経験というものが必要であり、ゆえに選挙権を三十歳くらいまでに引き上げるのが妥当だ。しかし、棺桶に入るまで子供のままでいる人々が増えるという、この「幼稚化の時代」にあっては、選挙権が十二歳まで引き下げられても大して驚くには当たらない。――ちなみに日本占領軍司令官のダグラス・マッカーサーが「日本人の精神年齢は十二歳だ」といったのは有名な話だが、アメリカ語で「トゥエルヴ」というのは「子供」ということなのである――。

かつて、といっても大昔に、国会開設が近づいていた頃、中江兆民が「選挙人会議を全国各地に開催せよ」と提案した。「選挙人会議」とは、選挙人が自発的に集まって、日本国家はいかにあるべきかを論議する場所のことだ。その場所で、政治の論点が明らかになるのみならず、おのれらの謬見《びゅうけん》が少しは正されるであろう、と兆民は期待したわけだ。

しかし、昔も今も、人々は「国の民」というよりも「人の民」なのであって、私事にかまけることは好んでも、公事に携わるのはよほどに風変わりか暇を弄《もてあそ》んでいる連中のやることとみなしている。投票場に足を運んでも、彼の心を占めているのは世間に流れている風聞のみだ、もしくは特定の立候補者とのあいだの「何らかの縁故」だ、といって過言ではない。兆民は「選挙人会議」で人々がパブリック（公衆）になることを期待して、その公衆が天皇を戴きたいというのなら、「リュプブリク（共和制）と天皇は両立する」とまで考えていたのだが、そんな公衆の登場を期待するのは、百年どころか、「千年河清を待つ」の類に属する。

そうなってしまうについては、「総選挙」というものの「規模の問題」も関係している。自分の投じる一票で、A候補が当選しB候補が落選する確率、それは、投票者数が万の単位となれば、そこに向かう途中で自動車事故で死ぬか歩けなくなるかの可能性よりも小さいのである。「一票の重み」などということを今や最高裁までもが真顔で論じているらしいが、一票の重みなんぞはそれこそ「吹けば飛ぶような枯葉」のごときもので、その枯葉を何万と積んだときに初めて、誰かが当選し誰かが落選するということになるにすぎない。

だから、投票がもし「権利」だというのなら、そんなものを放棄する者が増えるのは理の当然というほかない。枯葉（しかも病葉《わくらば》）たるの自覚を持って投票場に足を運ぶのは、投票が「義務」である場合に限られるといってけっして過言ではない。そうならば、一つに、投票権という言葉を廃して「投票務」という言葉を遣うべきだし、二つに、その義務を果たさぬ者には刑罰でも科料でも科すべしということになる。ただし、投票務の放棄が急の腹痛によるものかどうかなどを調べるのは役人にとって大変な仕事なのであって、棄務者を罰するのは実際上は不可能である。しかし、「どこぞの評論家」のように、家族皆して投票歴が皆無となれば、それは故意の棄務とみなされて罰則を科してもよい。もちろんその場合でも、その評論家のような人種は、棄務を続けるかどうかは罰則の如何および科料の多寡《たか》によるとふてぶてしく構えるに違いない。

ここでいいたいのは、総選挙は民主制にとって「必要な仮構」であって、「一票の重み」などは「丸見えの虚構」にすぎぬということである。どだい、「一人一票」という平等主義はどうすれば正当化できるのか。「人は生まれながらにして平等である」という嘘話を本気で貫くのなら、それを税金話に移し替えるとパーヘッド・タックス（人頭税）が最も平等だということになる。つまり、金持ちであれ貧乏人であれ、同額の税金を払うという残酷なやり方が最も平等だということになってしまうのだ。

資産額なり納税額を制限条件として――その場合にこそ投票務というよりも投票権という表現のほうが馴染みやすいのだが――選挙権を与えるという「制限選挙」がなぜ排されて、消費税しか収めていないばかりかそれを上回る社会保障を手にしている人々までもが投票権を持つというういわゆる「普通選挙」がなぜこうまで普遍になってしまったのか。一つに、貧乏人という多数者の社会的圧力ということもあるが、二つに、金持ちという少数者に莫迦が多いという事情もあった。

本来なら、プルトクラシー（金権政治）が駄目とわかれば、プラトンのいうフィロソファ・ルーラー（哲人統治者）にまかせてよいはずだが、しかし、哲人とは誰のことかとなると百家争鳴で収まりがつかない。せめて「選挙人の資格試験」くらいやったらどうかという意見もあるだろうが、その試験問題が誰によって如何に作られるのかと考えると、またぞろアポリア（解けない問題）に逢着する。

それ以上に問題なのは立候補者についての資格のほうだ。ポピュラリズム（人気主義）が総選挙の常態になっているとわかった上で、一体全体、なぜ立候補したいなどと考えるのか。人気で当選してみたいと思う莫迦者でないとしたら、人気に踊る阿呆な選挙人を、高邁《こうまい》な理想へ向けて諄々と説得してみせる自信のある者の立候補のことが考えられる。しかし、そんな理想に身を焦がし、そんな弁舌の才が自分に備わっていると思うことそれ自体が（狂気とまではいわぬが）烏滸の沙汰である。

結局、二世や三世の議員にありがちの、「後援会などをめぐる周囲の事情からして万やむをえず立候補する」のが最も普通の立候補の形態だということになるのではないか。それなのに「世襲議員を撃て」が天下の公論になりおおせており、それに替わって出てくる者はといえば、テレビ・タレントや似非《えせ》学者の類のシッチャカメッチャカ人種ときているのだ。それが民主主義政治というもので、その流れを止めることなど（テロを別とすれば）誰にもできるわけがない。そんな総選挙は棄権する、と構えるがわに真っ当な人間が比較的に多いという可能性が十分にあるのだ。

人気選挙での選挙基準はもちろん人気を左右している世論《せろん》である。「世論は世論〝引く〟（マイナス）自分の意見だ」といったのはホセ・オルテガであるが、その方程式は「自分の意見は零である」ということをも意味する。要するに最高裁よ、「一票の重みは零に限りなく近い」とそろそろ認めなさいということだが、しかし、脇雅史参議院議員がいろいろな選挙区の議員定数について、具体的な提案をしているように、法治の立前からしてそんなことを（公的な立場にいる者が）いえるわけがない。

考えてもみられよ、小泉（純一郎）政治への支持率が八割で、それが五年後には小泉批判（の民主党）政治への支持率が八割となり、それが三年後に、小泉政治の跡を継ぐ色合が濃厚の安倍（晋三）政治への支持率が八割へと、まるでシーソーのように揺れるのが世《せ》論《ろん》なのだ。我々は世論なるものに「無意味なものの発揮する絶大な権力」をみてとらざるをえないのである。それが「主権在民」の大昔からの実際である、少なくとも「民」を今生きている者に限定すればそういうことになる。

そこでギルバート・チェスタトンの吐いた「死者にはみずからの墓石で投票してもらおう」との警句を思い起こすべきだ。墓石というのは、古代ギリシャの昔に石ころや貝殻で投票していたことに擬してのことだが、ともかく、墓石投票とは「生者が死者の残した伝統に耳を傾け目を開け」ということである。オピニオン（意見）は「根拠の定かならぬ臆説」のことにすぎないが、パブリック・オピニオン（輿論《よろん》）における「パブリック」という形容に歴史性を付与するなら、輿論とは「社会の輿（土台）にまだいるはずの庶民の歴史的な常識を現状において活かそうとする見解」のことだとなる。そう考える選挙人がまだ一万人のうちに一人くらいはいるのではないか。

3 いのち人——死に方は生き方のラストシーン

小生、「酔った」ことは山ほどある、というより酔うために酒を飲んできたわけだが、「払《ぱら》った」ことは一度もない。つまりヨッパラッテ意味不明の言動を他者にみせつけてしまうというような醜態をさらしたことが、たぶん他人を信じないという警戒心が強すぎるせいなのであろう、残念か満足かはともかくとして、一度もない。そのせいなのか酒場で多くの人間がいともやすやすと「何といっても命が大事」と口にするのをしっかりと聴き取ってきていて、そのたび、心ひそかに「こいつ、殺してやろうか」と願望したことが数え切れぬ回数に達してしまった。

「命あっての物種」とか「死んで花実が咲くものか」というのが人間性の真実の半面をつく格言であるのは疑いえない。しかし格言なんかは、おおよそすべて、逆の格言と対になっているのであって、「身を捨ててこそ浮かぶ瀬もあれ」とか「身命を賭してこその男の勇気だ」といった類のものが次々と思い浮かぶのである。

「自分が生かされているのだ」とさも悟ったようなことをいう徒輩がわんさかいる。しかして「生かされていることの実態はなにか」。「人間以外の生命体を、動物であれ植物であれ、はたまたそれらの生命にとっての栄養源であれ、殺戮《さつりく》し費消すること」にほかならないのだ。生きるために殺しているのに「生かされている」というのは調子がよすぎはしないか、と酔っ払っていない小生のオツムが判断し、そして、文化なき北海道に出自したせいか、嘘を吐くのに慣れても馴れても狎《な》れても熟《な》れてもおらず、根が馬鹿正直者ときているので、つい「大量殺戮の常習者が悟ったような戯言を抜かすんじゃない」と口走ってしまう。

つらつら慮《おもんぱか》るに、人間はみずからを霊長類の長であり、それゆえに生命体系の頂点に立っていると勝手に認定し、その自作の資格において、他の生命を貪るという振る舞いを自演しているのであろう。そのことに「スィン・オヴ・グリード」（貪欲の罪）を感じる者は、せめてもの罪滅ぼしとして、「食のタブー」を決めざるをえない。ユダヤ教徒やイスラム教徒のように「豚は食わない」とか、ヒンドゥ教徒のように「牛は食わない」というふうにである。仏教でも、かつては、「獣類は食さない」という禁忌があった。しかし、とくにアジア方面では、中国人や朝鮮人や現代日本人のように「食におけるタブー」を持たない者たちが、たくさんいる。

小生、仏門の出と少しは関係があるのか、「鯨を殺すな食すな」とグリーンピースの連中が叫び立てるのにたいして、いくぶん同調するところがあって、「憲法に鶏を食ってはならぬと書いたらどうか」、そうすれば緑色平和人《グリーンピース》に対抗できるのではないか、と（酒場で）言い立てたことが何度もある。

酒場話から抜け出して素面《しらふ》の話をすれば、「霊長類の長」であると思うことにしたのは

「言語体系の発達のせいで精神なるものを持つに至った」せいだと思われる。その精神は、大いにしばしば、「何のために生きているのか」という問いを自他に発し、そして、その目的が一向にみつからぬとか、自己の心身がその目的達成には役立たぬ状態になってしまいつつあるとか、しかもその状態から抜け出せそうにないとか、答えるほかない状況に自分があるのを知るときがある。そんな状態に入りつつある自分の「いのち」、それに意味を見出すことなどできる相談ではない。

そんな命でも、やがて死に達するのだから放っておけばよいとみる者もいる。いるどころか、その死をめでたく成就させるために、病院をはじめとして、巨大な福祉機構が日々作動してもいる。しかし、精神なるものは至極厄介な代物であって、タイム・コンシャス（時間について意識的）なのである。つまり、過去の記憶《リメンブランス》を思い出《リメンバー》すだけでなく、未来を予測《プレディクト》し予想《アンティシペート》し想像《イマジン》するときている。

で、極端な例を挙げれば、オツムが痴呆状態に入ったままで、あるいは糞尿垂れ流しのままで死期に近づいている自分の姿について、「今此処」の心身が健全（といってよい）状態にあっても、何ほどかの予測・予想・想像を持ってしまう。要するに、過去の経験にもとづいて形成される未来への展望が現在の自己の生にかんする意味づけに、強かれ弱かれ、影響を与えてしまうのだ。で、極端な場合、そんな種類の死が間近に待っていると強く展望されるなら、今のうちに自裁してしまおうと決断し、そのための準備をし、そしてその決意を実行する、ということになって何の不思議もない。

というより、そうした精神における決断性を具体性にまで固めたとき、自分の現在の生が晴れやかになって、自裁の瞬間まで明るい気分でおれるということになるのではないか。逆にいうと、一般に「死の不安」などといわれている心理の多くは、「死の具体的決断」をモラトリアムにおいているところに発するのではないか、ということである。その意味で、具体レベルでの自裁をハイデッガー流に「無の明るい夜」と呼んでさしつかえあるまい。

だが、忘れてならないのは、この「素晴らしき無」は「生の意味づけ」という人間精神の宿命的な成り行きの産物だということである。その意味化（さらには価値化）が邪魔だとして、三十年前あたりに（思想としては）めでたく死を迎えたポストモダニズムの遺骸にしがみつきつつ、人間の生も死も単なる記号レベルでの出来事にすぎない、とみる拵《こしら》え話もありうる。それが安っぽい拵え事としてのブルシット（嘘話、「雄牛《ブル》の糞尿《シット》」）であるのは、生も死も、不確実性のただなかにおけるひたすらなる「選択の過程」なのであってみれば、Aを採ってZを選ばないクライテリオン（規準）を、たとえ架設としてでも、立てるほかなく、その規準設定それ自体が意味化の作業に当たるのだからである。

痴呆症者あるいは寝たきり老人として死ぬという道を選ぶな、といっているのではない。

ここでいいたいのは、とりわけ現代にあって、「いのち」の無条件礼賛に起因してのことであろうが、「死を選択すること」について議論するのをタブー視している風潮があり、その風潮に乗っていると、人間の精神が痴呆化あるいは（最近八十年ぶりに復活している経済用語でいうと）ロングラン・スタグネーション（長期停滞）に入ってしまうこと請け合いだ。そうなってどこが悪いと居直ることも可能だが、そこまでくると、物を書いているのは「紙をインクで汚す」ことにすぎないことになり、物を喋っているのは（シェークスピアの『ヘンリー四世』においてであったと思うが、フォルスタッフのいう）「単なる空気の振動」にとどまってしまう。いや、そうであってどこが悪いと構えるフォルスタッフ的な人間たちが、普通の人間には怪物めいた恐ろしい存在なのであって、だから普通の人間たる者は彼らを人間には分類してはならぬということになる。しかし、小生の長い人生における見聞録を繙《ひもと》いてみると、そんな怪物になれるほどの精神の蛮力を持っている者など、ごく少数にすぎない。言い切ってしまうと、一人もいないのだ。その証拠に、小生が（怪物を気取った言い方する者を）㋖印あつかいすると、怒ったり泣いたりするのだ。何印といわれても、そんなのは「空気の振動」にすぎぬとして平気の平左でいるのが「フォルスタッフ的」ということではないのか。

とはいえ、国家がここまで紊乱《ぶんらん》をみせつけ、鳴物入りの大政策のほとんどすべてが嘘話であったとなると、国民の「言葉の意味」が融解していく。その虚無の気分のなかから、一九三〇年代に不気味なまでに類似した奇怪な政治や文化が登場してくるのではないか。クワバラ、クワバラと首をすくめるかエイッ、ドウニデモなれと居直るしかあるまい。「いのち第一」が「ことば蒸発」を結果し、それで世界が「多弁症者の巨大な群れによる文化の失語症化」にさらされている。若者たちにまで「死の具体的選択」について思考せよ、といっているのではない。戦時ならば、そうするのが若者の義務となるであろうが、大戦の臭《にお》いはまだこの列島にまで届いていない。ここでいいたいのは、「後期高齢」の生き方の実践は、則、死に方のそれでなければならぬということにすぎない。

4 虚言人

――ノンフィクション・ライターにブルシットを提供した全学連世代が紡いだボケボケの仮想現実

『唐牛伝《かろうじでん》』（佐野眞一、小学館）という本が送られてきた。パラパラと頁をめくっていたら、当人（この私）の名前が出てくる箇所はすぐ目にとびこんでくるものらしい。一つに、私が三十歳代に「ヒロポン中毒患者」であったと書いてあり、二つに、私が「ブント（共産主義者「同盟」）に集まった非行者」という言い方をしていることについて「いかにもへそまがりな」者の言い方だ、とあるのにまず気づいたわけだ。

前者のほうが歴然たる嘘であることは、麻薬についての事情通ならすぐ察しがつくであろう。ヒロポン中毒は、ほぼ終生にわたって治療不可能な種類のもので、ならば私の著述のほとんどすべてがヒロポン中毒からきた㋖印入りの代物だということになる。私は、数度にわたって「多種類の麻薬を実験としてやってみたことがあるが、アルコールとニコチンのほかは、言語能力の発揮に、それゆえ社交の展開に、邪魔なので好まない」と証言しているにもかかわらず、このノンフィクション作家はかかるフィクションをしつらえるのである。

それよりも、このライターの虚言をよく表しているのは私のことを「いかにもへそまがり」と呼んでいる件《くだ》りだ。それは、たぶん私の（五十五年以上も前の）会ってみたいとはちらとも思わない知り合いたちが、彼我の見解や立場があまりにも大きく隔たってしまい、その懸隔の原因も意味も彼らにはいささかも理解できないので、また理解する気もないので、「あいつはへそまがりだ」というのを「定説」としたのを受けてのことだとすぐ察しられはする。しかし、その「非行者」という表現は『六〇年安保闘争――センチメンタル・ジャーニー』という一書を通じるキー・コンセプトなのであるから、つまり彼らは共産主義にたいして信仰を持っていなかったのみならず認識を深めようとすらしていなかったことをさして「非行」と呼んでいるのである以上、要するに、佐野なるライター（あるいはその下にいるデータ収集者たち）には書物というものを読解する能力なり努力なりが著しく欠けているということなのであろう。また、ブントの関係者の多くにたいしても私にかんしてと同様の決め込みをやっているに相違ない。

そんな些事《さじ》よりも、私の気になるのはヴァーチャリティ（本当らしくみえるのが本当は嘘）のことである。活字の世界はまだよいほうで、映像の世界などはむしろそのヴァーチャリティこそが大黒柱となって構成されている。そういえば湾岸戦争のとき、アメリカの軍事攻撃の模様がテレビに広く放映されて、視聴者が戦争の現場にいるような錯覚に襲われることをさしてヴァーチャル・リアリティと呼ばれ、それにさっそく「仮想現実」の訳語があてがわれていた。その後におけるIT（インフォメーショナル・テクノロジー、情報技術）の異常発達のせいで人間精神がすでに仮想現実の世界にすっぽりと収まってしまったというのなら、この世の現身《うつせみ》はすでに空蝉と化せりとみるしかない。

そのせいか、小説とか脚本とか称する表現分野でも、「時空の瞬間移動」の手練手管が頻繁に使われている。で、私のようなすでに蟬の殻と化しつつある者は、この世はもう「死んでるぜ」、「生けるリアリティを欠いた世界を描いたって、そんなのは空っぽの殻だぜ」と（へそまがりからではなく）ごく素直に思ってしまう。

　そもそもどんな言葉も映像も、ついでに加えればどんな音響も、人間精神の拵《こしら》え物という意味でヴァーチャリティに属する。逆にいうと、生《なま》のリアリティ（現実性）なんかはこの世にあった例《ため》しがないのである。極端な例でいうと、重度障害者が殺害されたという現実を（アドルフ・ヒットラーよろしく）「世界平和」に資するとみるか、重度障害者と日々接しているうちにその加害者の精神が狂ったとみるか、人間の本性の一部に秘められていた残虐性の発露とみるか、その他あれこれの仮説が可能で、要はその現実が何であるか規定すること叶わずとなるわけだ。そして残るのは、「物の見方」の如何による多種多様なヴァーチャリティのみということになり、それを利用して多種多様な「表現者」が多色多彩なメディアに多層多形の顔を出すということになる。

　だが、三蔵法師でも孫悟空でもあるまいに、時空間を勝手に移動するのはあくまで空想の出来事で、それを現実めかして表現するのは「あざとい」としかいいようがない。そんなあざとさに誑かされて、それをノンフィクションと思ってしまう読者や視聴者を莫迦と呼んで片づけるのでなければ、莫迦という言葉の置き所がなくなってしまう。

「ヴァーチャリティ」にもいろいろな種類のものがあると押さえておくのが人間精神にとっては肝腎な点で、そのことを暗示するかのように、ヴァーチャリティには「仮想のことにすぎないが、実質上、本当のことも同然」といった意味もあるのだ。たとえば、「前科者は、実質上、反社会的な人間である」というのは（少なくとも統計的にみれば）かなりに納得的なヴァーチャリティではなかろうか。そしてパースウェイシヴつまり説得的であることは、リアリティにとっての欠かせない条件なのである。私の「へそまがり」の証拠に、ヴァーチャルなもので結構だから、せめて一つなりとも言及するのが表現の作法ではないのか。そもそも「文化乏しき北海道育ち」には「へそまがり」の能力も弱かろうと見当をつけないのは、知力の不足というものだ。

また、石井某なる医者のやっている「駒場全共闘支援のためにヘリコプターで水分・食糧を投下するという計画に私が参加を申し出た」という証言も、一〇〇％の嘘である。私は、前掲書『センチメンタル・ジャーニー』で縷々《るる》説明したように、二十二歳で左翼とは決然と訣別していた。のみならず、当時、妊娠ノイローゼのあと産後の肥立ちの悪い妻とスリーマンス・コリックの喘息気味の症状を呈する娘の看病で、それに加えて（まだ執行猶予中の身なので）警察に逮捕されぬように常に気配りしなければならない上に、アルバイト生活でカネを作るのに大忙しであった。どだい、石井なる男の存在をじかに知ったのは（唐牛健太郎が亡くなる前後の）十五年以上もあとのことで、そんな申し出は時間移動でもしなければ不可能なのだ。

さらに、私のことを「北海道長万部《オシャマンベ》（という浜辺《はまべ》）生まれなので唐牛という男の漁師生活に同情的であった」という佐野氏の説も嘘だ。私はそこにいたのは赤ん坊のとき（のたぶん一年）だけで、あとは北海道の内陸部（主として札幌の東方郊外）に暮らしていたので漁師への特別の理解や同情など一片もない。そういう嘘話の数々に怒る気は毛頭ないものの、何のエヴィデンス（証拠）もないハイポサシス（仮説）をノンフィクションと名づけてはいけないのではないか。

反証が挙がることが少なく、それゆえに長く持続してきたヴァーチャリティ、それをリアリティ（もしくはノンフィクション）と呼ぶというのが私の言葉遣いである、というよりヴァーチャル・リアリティという（かつての）流行語にたいする批評的解釈である。わかりやすくいうと、人間の為すことはすべてヴァーチャルなのだが、デュアリティ（耐久性）を持つヴァーチャリティだけがリアリティに昇格し、それに感性と理性を全力で奮い起こして肉迫していくのがノンフィクションというもののはずである。

なぜこんなことにこだわるのか。世相を、言論や世論を含めて、眺めわたしてみたとき、「リアリティからの逃走」とでもいうべき現象が広がっているからだ。民間の家族から皇居の皇室に至るまで、つまり世俗の共同体から半聖半俗（の最高位の神主つまり祭祀王族）の皇族に至るまで、ゲマインシャフト（日常性）という名の現実性の上に成り立っている。

それなのに、表現界では日常的現実へのありとあらゆる侮蔑の言葉が投げつけられ、それをもってオリジナリティと名づけ、しかもあろうことかそれが「独創性」と訳されてきたのだ。そうした悪業をなした者たちの中心に左翼の連中がいるのはいうまでもない。

オリジンとは「源泉」のことだ。だから、トーマス・エリオット（『伝統と個人的才能』）に倣って、オリジナリティは伝統という源泉からおのれの個性を汲み上げることと解されなければならないのではないか。同じ伝で、ヴァーチャリティとはリアリティへの個性的な解釈、という範囲を出るものではない。ノンフィクション作家のブルシット（嘘話）にしても、対象をしっかりと把握した上でのフィクション（虚構）でなければ、ブル（雄牛）のシット（糞尿）にすぎぬものになる。

その糞尿の出所も私にはわかっている。「全学連物語」などという屁の突っ張りにもならない、口から出まかせの小咄というか、新味の虚飾をかぶせた小噺というか、そんなものにすがって片足を棺桶にいれている箸にも棒にもかからない全学連の生き残りが、言い換えると戦後育ちの第一世代が、惚けたオツムで紡いだ自惚《うぬぼれ》の嘘話を、この（たぶん）善人のノンフィクション・ライターが信じてしまったのだ。

『唐牛伝』そのものは、その扱っている範囲が広い上に多彩だという点では、寝ころがって読むには、まあまあの出来の読み物にはなっている。だが、まだ「左翼の正義」なるブルシットにまみれている関係者の虚言をそのまま活字にしている部分が数え上げたら切りがないほどに多く、それは現在の世相における「雑多なものへの逃走」（マックス・ピカート）という社会現象の屋上に屋を架す一例となっている。そのような事態から脱け出せないというのなら、本を書くのも読むのも評するのも、愚行でないとしても、暇つぶし以上のものとはなりえない。

5　法匪《ほうひ》人——良法を作ろうとせずに何が法治か

法匪《ほうひ》とは、第一に荀子《じゅんし》らの「人間性悪説を安直に取り入れ」、第二に「法の文言を硬直的に応用して疑わしきは罰するのを常習にし」、第三に「不完全な文言でしか表現されていない法を盾にして政治権力を横暴きわまる形で振るう」やり方のことだ。孔子や孟子の徳治を道徳の解釈が多様化するにつれて放棄すると、是非もなく法治が国家統治の玉座に登り、それに伴って法匪の徒輩がその数を増す。数のみならずその種類も多様になっているようだ。たとえば、日本国憲法九条第二項に「非武装・不交戦」が謳《うた》われていることを利用して、日本国家の軍事的防衛にかんする一切の新法律の判定を「戦争法」と呼んで罵倒するなんぞは、法匪の所業としかいいようがない。

既存の法律を不変に保とうとするなら、それを支えている道徳が頷《うなず》くに値することをまず論じ、次にその法律で（国内外の）統治が十分に可能であることを明らかにしなければならない。たとえば立憲主義を喧伝するのなら、「憲法の欠陥を是正するための改憲に積極的である」のが欠かせぬ要件となるはずだ。既存の憲法を闇雲に固守せんとするのは法匪の所業に当たるといわざるをえない。

遅ればせに知ったのだが、柄谷行人という文芸批評家が「非武装・不交戦は日本人の〝無意識〟であり、ゆえに、たとえ国民投票にかけても否決されるであろう」と宣《のたも》うている。なるほどそうかもしれぬ、それほどに深く「武器を手にするのは嫌よ、戦いを交えるのはもっと嫌よ」という感情が、この敗戦劣等列島人の脳裡に横たわっている可能性が大いにある。しかもそれは、秀吉の「刀狩」あたりから膨らんできた一般市民の感情なのかもしれぬと考えれば、自民党の幹部連が「九条第二項には手をつけぬ」と次々と証言するのも、柄谷行人氏と同じ日本人理解にもとづいてのことであろう。

しかしこの「無意識」とやらは、「敵が武器を持って攻め込んできたら、さっそく降参し従僕にでも奴隷にでもなって生き延びたい」という「生きることそれ自体を至上とする」無意識にごく自然に繋がっていく。「踏んづけてくれ、だが命だけは助けてくれ」

（O・シュペングラー）というのが俗衆の本音だということだ。そして無意識としての従僕根性および生命礼賛が（少なくとも戦後の）日本人にあってまことに強い、というのも本当かもしれぬ。なぜといって、戦後の七十数年間、この列島人はアメリカに隷属し切って何の屈辱も感じていないからである。六歳の頃から「たった一人のインティファーダ（蜂起）」を繰り返してきたこの著者などは、さしずめ、その無意識に度し難い狂気が住んでいたせいだということになるのであろう。

　しかし、一つ、大きな疑問が頭をもたげる。そんな根っからのパシフィスト（その日常的な意味合いは臆病者にして卑怯者）を相手にして物を書いたり喋ったりすることにどんな意味を見出すことができるのか、という疑問である。かつて永井荷風は「この国民は腹が減って騒いだことはあるが、何らかの理念のために騒いだことがない」と喝破したが、本当にそうなら、この劣等人、元へ列島人にたいして発せられる言説のうちで唯一意味あるのは、「儲け話」や「グルメ話」や「健康話」の類だけだということになる。事実、巷間に溢れているのはそうしたカネやモノやクスリにかんする言葉だけといって過言ではない。

　カネやモノやクスリにほとんど関心のない者はどうすればよいのか。たとえ仮想でもよいから、「敵に屈従するくらいなら死を賭して敵に反撃・報復・復讐する」と構えるのをモーレス・エートス（集団の安定した感情）とし、そこからモーラル（道徳）・エシックス

（倫理）を汲み出す少数の人々がいるはずだと想定し、そういう人々へ向けて書きかつ語るということにならざるをえない。もっと広くいうと、多くの人々の無意識とやらの片隅にそうしたモーラルに発するモラール（士気）が隠されていると想定して、そういう知覚を行為にまで具体化して陽明学の徒となってくれる者たちがこの世に潜在しているかもしれない、と考えてみてはどうなのか。というより、そう考えるのでなければ、臆病者・卑怯者として精神を錆びつかせたままで死んでいく。それを情けない所業とみるのがせめてものジットリヒカイト（人倫、「ジッテつまり慣習のおのずからなる筋道」）というものである。

武器や戦争を賛美したくてこんなことをいっているのではない。武士や騎士がいなくなったあとの時代における軍隊こそは、すべてをモデル化しモード化するという意味でのモダニズムを純粋に具体化したような代物で、そんなものに血道を上げるのは、「いよいよもって大戦争が勃発した」という特別の状況がないかぎり、一種のオタク族の振る舞いに当たる。そんな「人間の幼稚化」が進むなかで、トルストイ、ラッセル、ガンディ、内村鑑三らが反戦・非戦の声を張り上げた気持ちも十分にわかる。

ここで私のいいたいのは、「自衛隊という憲法違反の存在」を国民の九三％が肯定しているにもかかわらず、その六割以上が当該の憲法条項の改正に反対している、という国民精神の統合失調状態についてである。しかも憲法九条の第一項では「侵略の禁止」が規定されているのであるから、法匪に非ざる者は「九条第二項はとうに死文と化せり」とみなすしかないはずなのである。

そこで、これもかつて柄谷行人がいっていたことなのだが、「侵略と自衛の区別なんかは不可能だ、その証拠にこれまでの侵略はすべて自衛を口実にしていた」という別種の法匪の理屈が持ち出される。

「トニー・ブレア首相のイラク進攻におけるアメリカへの加担は間違いであった」という英国の公式報告書をどうみるか、などと細かい議論をここでしたいのではない。侵略と自衛の区別が不可能だと断定するなら、「この世界は弱肉強食・優勝劣敗の戦いのジャングルである」と認めるほかなく、そこでの平和主義はやはり「弱者の強者への屈従」のほかには考えられない、といっているだけのことだ。

侵略つまり「覇権的な意図の下における武力先制攻撃」を禁じる国際法を頼りにせよ、といっているのでもない。国際法なんかは、世界政府がないからには、つまり国際警察も国際軍隊もないも同然である以上、中国が（南支那海問題でハーグ国際仲裁判定に向けて）言い放ったように「一片の紙屑」にすぎないといわれても致し方ない程度のものではある。

しかしそれはあくまで法治の次元の話であって、徳治の次元ではそうではない。国際社会といえども「社会」であるからには、どれほど弱いものであっても（法治の下層に）徳治があるはずだ。この場合でいうと、「他国の長きにわたる安定した施政権は領土権に昇格する」という徳治の原則がある。だから、中国のやっていることが不徳であるのは明白であり、ゆえにそれは（不法というよりも）「法治の基礎たる徳治」への公然たる挑戦とみなされなければならない。その意味で、罰則規定が曖昧だったり不在だったりすることを利用して法治を無視するのもまた法匪の振る舞いなのである。

英国の件といい中国の件といい、バランス・オヴ・パワーの国際政治がいかなるものであるべきかを強く示唆している。「自国がひとたびその存在を認めた国際法については、理由を明示してその法秩序から脱退するまでは、たとえ罰則規定が明確ならずとも、おのれのパワーポリティックの言説を、既存の国際法への解釈と関連づける形で、組み立てるべきだ」ということである。どんな解釈であってもよいというのではない。何ほどかパースウェイシヴ（説得的）で如何ほどかアンダスタンダブル（納得的）な解釈、それをなす能力のない国は国際社会から嫌われて当然だ。

いうまでもないことだが、あれこれの国際法のシステムには参加しなくてよいし脱退してもさしつかえない。一例を示せば、北朝鮮はNPT（核不拡散条約）を脱退してから核武装を行った、ということである。――ただし、この国の侵略性はあまりにも明らかなので、その核武装を認めるにはもっと複雑な議論が必要なのだが――。その意味でも国際法なんかは世界秩序の決定的な秩序原則とは遠いところにある。つまり、国際法を金科とするのも法匪だが、それに関与しておきながらその判決を紙屑と呼ぶのも、自国法律中心主義を丸出しにしているのみならず、あるべき国際秩序について一言もないという点で法匪だということだ。

そして我が日本は、たとえばＮＰＴが既核保有諸国のエゴにもとづいていることも知らずに、それを玉条として批准するに際して条件としていたアメリカの「核の傘」が（中国との核合戦はしないという意味で）とうに破れているにもかかわらず、ＮＰＴに脱退条項があるというのに、核武装を語ることをすら禁句にしている。中国流法匪と日本流法匪のいずれが莫迦かはここでは問わないが、いずれにせよ、「世界秩序への形成に参加する」気力と能力のない国は法匪とならざるをえないの理ではある。

6　大量人

——砂粒の個人が「模型の流行」に乗って集まり風が吹けばすぐ姿形を変える砂山のごとき「模流」社会

アレクシス・ド・トックヴィルが（一八三五年に）最初に遣い、そしてホセ・オルテガが（一九三〇年に）盛大に使用した「マス」という言葉が、我が国では「大衆」と訳された。それが近代日本の社会論をどれほど深い混乱に引きずり込んだか計り知れない。というのも、マスがブーワード（非難語）であるのにたいし、大衆は多少ともフレーワード（称賛語）であるからだ。

「砂粒の山のように、一個ずつバラバラでありながらも、砂山のように群なす大量の人々」、それがマスである。そうした不安定な集団の成員の一人びとりはマスマンと呼ばれ、日本ではそれにも「大衆人」という訳のわからぬ翻訳語をあてがわれた。本来なら、マスとはあくまで「量的な存在」なのであるから、聞き慣れぬ言葉とはいえ、「大量」と訳せばよく、マスマンは「大量人」としておけばよかったのだ。つまり、この世の大量現象に何の批判も自省もなく呑み込まれていく、というよりそうなることに安穏を覚えるのが大量人なのである。

そしてトックヴィルはアメリカを近代における最初のマスソサイアティとみたし、オルテガは「マスが〝みずからの限界に反逆〟して、社会の統治者を僭称しはじめた状況」を「マスのリヴォルト（反逆）」と呼んだのであった。それどころか、「マスがひとたびこの世の権力を握ったら、それから逃れることは不可能である」とさえ予測した。それもそのはず、少数派には「多勢に無勢」の戦いにおいてまず勝ち目がないからである。とりわけその戦いが「一人一票」の単なる数量の競い合いとしての選挙戦となれば、デモクラシーは「マスの勝利」となるのであり、それは「マスクラシー」と呼ばれるべきものとなる。その意味のみにおいて、デモクラシーは歴史の必然である。ついでにいっておけば、民主制がみずからを（国民投票などで）否定して成立させる独裁制も、マスクラシーの延長にあるのである。

ところで、なぜマスマンなどが生まれるのか。それは、メディオカー（凡庸な）人間にも操作できるモデル（模型）からなるコンヴィニエンス（便利品）の周りにマスがコンヴィーン（皆して集まる）からだ。要するに、資本主義（資本利潤率の最大化をめざす経済の仕組と運動）が「マスにも操作できる模型」にもとづいて新商品の「大量生産」を続けるので、「大量人」が幅を利かすわけである。マスクラシーの政治も然りであって、あらゆる政党がマスを集めやすい標語や政策を掲げて選挙や党員獲得をやるので、デモ（民衆）クラシー（政治）はマスクラシーとならざるをえないということだ。

「わかりやすく操作しやすい模型」、それはすぐさま社会のモード（様式）となるわけで、それはただちに社会のモード つまり「流行」となる。そこでモダン・エイジを「近代」と訳した日本（さらには世界各国の人々）の愚かさが明らかとなる。モダンとモデルとモードとは互いにほとんど同義語なのであるから、モダン・エイジには「模型時代」と「流行時代」の両者を合わせて「模流時代」という新語を（最初は耳障りでも我慢して）あてがうべきであった。そして、どうしてもカレンダ・イアーに従って近代といいたければ、近代はリーセント（最近の）エイジ（時代）に対応するとしておくべきであったのではないか。そうしなければ、モダンということに本質的な凡庸さという性格が浮かび上がってこないのである。

「模（型の）流（行）」は単に製品においてのみみられるのではない。「模流」はむしろ政治において始まったのである。つまり、フランス革命でリベルテ（自由）、エガリテ（平等）、フラテルニテ（博愛）――ついでにつけ加えればラショナリテ（理性）――の決まり文句が模流となって、ついにルイ十六世夫妻の首をギロチンで切り落とす顚末となった。それがマスクラシーの開始点を画す事件となった。その後、F・ニーチェによれば「畜群」にすぎぬマスが社会の全部署において権力簒奪《さんだつ》に着手した。その企ては、第一次および第二次の「大戦」が「大量殺戮」の場であったため大量人の参戦を必要とし、大量人はその代償として参政権を要求する仕儀となり、ついにマスクラシーは完成に至ったのである。

　しかしマスクラシーの勝利は、アンシャン・レジーム（旧体制）への怨恨と破壊への衝動にのみ突き動かされているので、自分らの勝利と独自の体制にまで固めることができない。で、社会が紊乱《ぶんらん》の一途を辿りはじめる。レファレンダム（国民投票）というまさしく大量化方式の選挙によって、あるいはマス・ポピュラリティ（大量人気）の政治圧力に頼って、プルトクラシー（金権政治）を経てディクテーターシップ（独裁制）に至る。「民主主義的な方式による民主主義の自己否定」が行われ、「法治主義の方式による法治の投棄」が進められるのである。ファッシズムもナチズムも、スターリニズムもマオイズムも、そうしたマスクラシーの必然の結果なのであった。ここで必然というのは、マスソサイアティでは独裁の政治模型が流行すること間違いなしということである。

いわゆる自由民主主義を最高の政治理念として今も掲げつづけている米欧日などの大統領選や首相選とて、それらがポピュラリズム（人気主義）に依拠している点では、独裁制と大差ない。いずれにせよ、政治の動向を根底において左右しているのは、政策提示における単純な模型を大量流行させるのに成功するか否かなのである。未来が、新模型の新流行によってますます不確実性を強め、その不確実性が（確率的予測の可能な）リスクから（それの不可能な）クライシスへと移行しているというのに、その危機を乗り越える模型を誰かが提示してくれるはずと思い込み、そうなればその模型へ向けて大挙して流れ込もうと、マスは身構えているのである。その結果は、むろん、デマゴギー（民衆煽動）のためのフェイク・モデル（贋の模型）が政治のプラットフォームに掲げられるだけに終わる。

マスクラシーがひとたび成立したら、それに逆らう言動は世論で相手にされず、それに逆らう製品も市場で売れるわけがないので、マスクラシーを退治することは、効果的なテロリズムでも発動されないかぎり、不可能である。マスクラシーを歓迎しない者にできるのは、ただ、無効を承知でそれを批判しつづける、という無償の行為のみとなる。この無償の行為をなす者は、遠い未来に、マスクラシーがおのれの失態と無能にはたと気づいて沈黙に入るときがあるとすれば、おのれの言説が再発見されることがあるかもしれぬ、という（希望はとても持てないが）仮説の下に生きて死ぬほかない。

オスヴァルト・シュペングラーのいった「あらゆる文明の運命論的な没落」というヴィジョンが今ほど身に染みて感じられる時代もまたとない。シュペングラーは第一次大戦の毒ガスのなかでそのウンターガング（没落）を感じていたのだが、我々はハイテクやらハイインフォメーションやらがマスの眼を幻惑しているさなかに、その眩暈《めまい》が不治の狂気のまぎれもなき徴候であると察知しなければならない。それを想像するのはさして難しい作業ではない。周りを見渡せば、イノヴェーションが創造的破壊としての進歩をもたらすというドグマ（独断）の毒魔めいたブルシット（嘘）が片時も休まずに撒布されているのである。

「大量人の時代」にあって知識人が棲息しつづけるにはよほどの策略が必要である。一言でいえば、カキストトス（最劣等）とみえる大量人の心の奥底にまだかろうじて残っているアリストトス（最優等）でありたいというほとんど無自覚の願望を少しでも覚醒させうるような言説を吐いてみせるということだ。むろん、そういう言説を嫌悪するのが大量人であるから、「自覚の鐘」の鳴らし方には、つまり大量人批判の文体には、重々の注意が必要である。ひょっとして、大量人の味方であるような芝居を打つことさえ要求されるのかもしれない。それ以上のことは、この老人にはもう想像することすら億劫である。要するに、「文明の冬期」では情熱も凍りついて当然ということだ。

7 ダダ人——危機にあって破壊の決断に賭ける奇矯と奇怪

郡司次《じ》郎《ろ》正《まさ》という人物が、一九三一年（満州事変のとき）に、『侍ニッポン』なるどちらかといえば小著を出し、それが大売れして、映画にもなり歌にもなりといったふうにヒットした。そのことがずっと小生の気になっていたのは、少し年長の知人が「政治運動なんか一人の女と同等の重みしかないのさ、状況の如何によって俺は女のほうに走るぜ」といった文脈で、「人を斬るのが侍ならば恋の未練がなぜ斬れぬ」というその歌詞の冒頭部分をよく口遊《くちずさ》んでいたからだ。

さらに、その歌の二番目の最初が「昨日勤皇、明日は佐幕、その日その日の出来心」という部分も彼はよく口にしていた。つまり、イデオロギー・フリーの立場をとり、自分はいつ日和《ひより》を見るかわからないぜとの気分表明を彼はやっていたわけだ。実際、小生らの属していた小さな政治組織が崩壊しはじめるや、多くの同志とやらが女の元へ走り去っていった。小生の知るかぎり、私めだけが「自己崩壊の気分では相手の女性に失礼だし、自己喪失がいっそう深まるだけ」と判断して、独りになる道を選んだ。

そして最近、ある事情があって、その歌詞（西条八十作というよりも原作のなかにちりばめられている文句の集まり）の三番と四番も調べてみたら、「流れ流れて大利根越えて水戸は二の丸三の丸」、「泣いて笑って鯉口切れば江戸の桜田雪が降る」、つまり結局は、井伊直弼《なおすけ》惨殺に加担したらしいのである。主人公の鶴千代の姓である新納は（歌ではシンノウといわれているが）原作では「ニイロ」である。それは鹿児島弁に由来するらしいので、小生、「桜田門外に結集した十八人のうちに一人だけ有村次郎左衛門という薩摩人がいたので、その人物にかんするフィクションが『侍ニッポン』なのか」と想像していた。しかし想像で物をいってはいけないので原作を読んでみて、驚いた。

新納は井伊の隠し子で、その恋人が（水戸派の父親の命令で）井伊を毒殺すべくその側《そば》女《め》となり、その「変」の当日、新納は（井伊にも心を許しはじめていた）その女の首を刎《は》ね、その首をぶら下げてその父親に「これが汝の娘だ」とみせつけ、そして（少々の出来事があってのち）最後に「侍の社会なんかじきに終わるさ」といいつつ雪上に倒れている新納の顔を江戸の庶民が踏みつけて通り過ぎていく、という結末なのである。

一九三一年、それは関東大震災（一九二三年）あたりでアナーキズムが絶滅に追い込まれ、治安維持法（一九二五年）によってコミュニズムも消滅させられ、そして右翼の「一人一殺」のテロリズムが始まる時期である。そんな折に、なぜこんな作品が書かれ、そして馬鹿売れしたのか。いったい、時代の思潮とその時代に生きる庶民の気分はどう繋がっているのか、小生の関心はその社会的脈絡に向かわざるをえなくなった。

そこで思い出されるもう一つの思潮の要素は、昭和初期に「エロ・グロ・ナンセンス」が流行り、その背景には（第一次世界大戦中にスイスあたりで始まったらしい）ダダイズムの芸術運動があった、という事実である。なぜそのことが気になるかというと、今の時代にあって（アメリカの大統領選にみられたように）エロ・グロ・ナンセンスが（時代への抵抗どころか）時代の主色となり、同じくダダイズムが現代人の行動の主調音となっていると思われるからである。

ダダイズムとは何か。その語源は不明とのことだが、何はともあれ「既成の秩序へのひたすらなる侮蔑と破壊」、そこに表現の独創性とやらを見出そうとする態度《イズム》のことだ。たしかに、表現のパラダイム（範型）とは「集団の固定観念」のことなのであろうから、パラダイムに攻撃を仕掛けることに、ロシア語でいえば「ダァダァ」（イエスイエス）とひとまず賛意を表したくなる。少なくとも何らかの専門にかんする職人を超えようと欲するなら、ダダイズムに一定の魅力を感じて当然だ。

『侍ニッポン』は、著者がどこまで意識していたのか定かならねども、昭和初期における天皇制と帝国陸海軍の政治主義的な偏向にダダの気分で抵抗し、しかもその抵抗のなかにすでに滅ぼされしアナ・ボル（アナーキズムとボルシェヴィズム）への共感なり同情なりをひそかに含ませつつ大衆向けの俗流を装った作品なのではないかと思われてならない。むろん、そうした日本国家の偏向は世界が二度にわたる帝国主義大戦争に突入する過程で是非もなく生じたものであるから、小生にはアナ・ボル・ダダのいずれにも懐かしみの一片も覚えはしない。しかし、そう思うと同時に、そうしたレジスタンスは起こるべくして起こったものだ、との考えも抱かざるをえない。

大事なのは、シチュエーション（状況）が危機に際会していくただなかでは、どんなパラダイムも（無効となるとはいわないが）そのままの形では通用しなくなるという一事である。「その日その日の出来心」で決断するのは莫迦者の所業とはいえ、いわゆるカレイドスコープ（万華鏡）の如くに転変すること絶え間なき状況にあっては、ディシジョニズム（決断主義）が、つまり「予測不能な未来に向けての冒険的な突入」が、その心理的重量を大きくするのは致し方ないことだ。

いや、自分（ら）のやっていることが冒険だということを自覚すればするほど、その決断の根拠を、そしてそのさらなる深みにある根拠をも、問わずにおれなくなる。その問いへの答えは、厳密にいえば、絶対にみつからぬであろう。なぜといって、真善美は探究すべきものであっても発見しえぬ代物だからである。しかも、人の人生といい人々の時代といい、その探究をいつまでも続けうるほど長くはないのだから、冒険への決断をどこかで（暫定的な根拠に立って）下さなければならない。

「暫定的な根拠」とは何か。自分の関係者を説得するのにまあまあ成功し自分自身で納得するのに何とか奏功する状況への解釈、それしか決断の根拠は小生にはみつからぬ。インタープリテーション（解釈）とはプレシャス（価値あるもの）のなかにインター（入っていく）ことであるが、解釈学がヘルメノイティークと呼ばれるのはなぜであろうか。ヘルメス（旅の神）のように、状況の多面多層に及んで、意味解釈の企てを積み重ねるのが解釈学であって、それはいきおいアナリシス（分析）ではなくシンセシス（総合）の試みとなる。説得といい納得といい、この総合の企てが（未完とはいえ）首尾の合う形で進んだ場合に感じられる、心理状態のことだといってよいのではないか。

小生の経験してきたところでは、この「総合」は「エッセイ」の文体をとるほかない。ただし、ここでエッセイというのは（その語源に従って）エグザミンつまり「試す」ことであり、それを「思いつくままの随筆」とみなしたのは近代日本の（翻訳文化における）大きな誤りであった。おのれの実際体験や見聞体験を試験の最大最良の素材と位置づけて、それらの体験の全体像つまりホーリスティック・イメージを構成していくのがエッセイである。――ここで、昔の学術論文には「アン・エッセイ・オン……」といった題名が与えられることが多かった、という事実を思い起こすべきだ――。

はっきりいって、ソシオ・ロジックの方面にあっては、エッセイというスタイル（文体）で総合化のための思想的な旅を続けるしかないのであって、たとえばエコノミックスとかポリティックスとかいった「専門学」は、そこにいくら合理と数値が動員されようとも、「群盲象を撫でる」式の分析に終わる。一例を示せば、経済活動に（家族や企業や政府の）集団・組織がかかわっていることに気づけば、政治学も社会学も文化学も不可欠と判明してしまうのだ。

話を戻そう。血盟団事件の起こる前年に「侍なんかクソクラエ」といった調子の『侍ニッポン』がなにゆえに大人気をとったのかを考えると、時代というものを一本調子でとらえてはならぬとつくづく考えさせられる。それどころか、右翼のテロルであれ軍隊のクー・デ・エタ（二・二六事件のような「政府への一撃」）であれ、それ自身のなかにダダイズムの要素が潜在していたのではないかとすら思われる。さらに巨視的にいうと、イタリアのファッシズムやドイツのナチズムをすら、ダダイズムの政治主義化とみることもあながち的外れではないのである。

「侍」とは「さぶらう人」つまり「貴人に仕える者」のことであるが、「貴さ」が何であるかが不分明となるのが危機の特徴であるからには、「サムライ精神」が「既成制度への破壊」に逆転して大して不思議ではない。そのことに世人が敏感に反応してその書物が大受けしたのだとみると、世間とはなかなかに賢いものだとの感を深くせざるをえない。事実、この郡司次郎正という作者は（村山知義に代表される）体制批判の演劇活動にもかかわっていたようだ。その大衆小説にアナ・ボル・ダダの匂いが随所に漂うのはそのせいと思われる。

「サムライ精神の逆転」とひとまずいってみたが、「恋人の首を刎ねる」行為にみられる決断主義はサムライ精神のまさに極致だとみることもできる。戦後日本人は、一九二〇、三〇年代の左翼と右翼の双方におけるサムライ精神のドラマを解釈できなかったし、しようともしなかったように思われる。そうならば、左翼と右翼に共通する「破壊から何かが生まれる」という軽信を排して、両者のあいだで平衡をとるにはどうすればよいか、その平衡感覚の根拠を解釈しようとすれば「伝統の保守」にかんするエッセイを（書くのみならず）演じるほかないのではないか、という保守の思想（考え方）が深まるはずもない。かくして、エロ・グロ・ナンセンスが「戦後」という時代に蔓延する準備がすでに戦前において整うという仕儀になっていたわけだ。今の世界の深まりゆくダダぶりをみれば、「歴史は繰り返す、一度めは悲劇として、二度めは惨劇として」というべきだろうか。

8 多忙人——ビジネスを名乗ることのハレンチ

「時はカネなり」といったベンジャミン・フランクリンは間違っていなかったのであろう。「稼ぐに追いつく貧乏なし」という我が国の言い伝えも的を大きくは外していないに違いない。だが、アメリカ映画で「アイ・アム・ビジー」という言葉が頻繁に出てくるのを聞くと、また日本の酒場でいわゆる会社人たちの会話が会社の仕事話から一歩も出てこないのを耳にさせられると、私は心中ひそかにビジネスマンのことをその本来の字義通りに「多忙人《ビジネスマン》」と呼び、ついでに「忙とは心を亡くすことなり」と、これまた声を出さずに、心中で叫んでいる。

仕事話など内輪の集まりですましてこいよ、パブといえどもパブリック・プレースなのだから他人の鼓膜に届いても何ほどか面白かったり刺激的であったり教訓的であったりする要素が少々なりともあってこその発話ではないのか、多忙人は自分らの会社という名の閉鎖空間に閉塞させられて心を亡くしているだけではないか、とこれまた心のなかでのみ呟いて、さらに「次の店には、どうぞ、多忙人の数は少なくあってくれ」と願いつつ、私は場所を替える。その願いが叶うのは十に一といったまことに僅少の割合にすぎないのだが。

多忙人は、心を忘れていることの証拠をみずからひっきりなしに挙げている。それは要するに「意味がないだけでなく狂人のごとくに引き攣った高笑いの連発」ということだ。一例を示せば、「先輩、コップ一杯でもう顔が赤いですよ」という誰かの発言に、皆して「ワッハッハ、カッカッカ」と唱和するといった光景で、その喧《やかま》しさったらありゃしない。――はっきり認めなければなるまい、いい齢こいてそんな所に顔を出している俺様が度し難き莫迦者なのだと――。

ここで「俺」と書いたのは意図あってのことで、多忙人もしくは哄笑人たちのなかで地位の高い者は、酔う前から、「俺、おれ、オレ」と自称する。酔いはじめると地位の別なく「俺」が連中すべての第一人称となる。それが大いにしばしば周りの者たちに下品と聞こえる、ということについてはまったく無自覚とみえる。「僕」という言葉だってあるのに、会社の「しもべ」として多忙であることを自覚したくないためなのか、「ぼく」という第一人称はめったに遣われない。

「俺」はもちろん「我」の俗称にすぎない。世俗の酒場で俗称を用いて悪いと論証するのは難しいのだが、しかし、「俺」には「大」という字が冠されていることからも察しられるように、自分を大きくみせる「夜郎自大」の気分が大なり小なり込められている。「夜郎の自大ぶり」のごく自然な表現が「俺の高笑い」なのだと私には感じられてならない。

厳密にいうと、「私」は「公」の対語であるから公の場たるパブにはふさわしくないかもしれない。そして「私」の元来の意味も「禾」（麦や米）を「ム」（独り占め）することで、どちらかというと卑しい言葉だ。だから日本語でも、「私」は「ひそか」ということをさし、たとえば「私商《わたくしあきない》」といえば、公のルールの裏での秘密の取引のことをいう。

もちろん言葉の遣われ方は時代の推移とともに変わり、時として意味の逆転することも多い。「お前」がもともとは「御前《おんまえ》の御方」であったのに今では乱暴語になり、「貴様」も同様となったことは誰しも知っている。しかし「俺」は、昔も今も、尊大にして下品だというのが言葉の通り相場で、そんなことをすら知らないのは多忙のせいで心を亡くしたからではないのか。

自己宣伝になってしまうが、小生がかつて自分の本を『妻と僕』と題したのは、刺身の「ツマ」と同列に自分をおくには「しもべ」という言葉がよいと考えてそうしたのである。そういえば「自分」という言葉は、上下関係の厳しい体育会系の人間が遣いがちのところとなっているが、「自らの分際」をわきまえているという点ではなかなかに含蓄のある第一人称だ。だが小生の場合、体育会系の人間に存外に情緒に動かされやすい「女々しい」者が多いと知っているので、それを用いるのは要注意と構えている。

話を戻そう、私の見聞でいうと、多忙人の会話内容は金銭話が多い。そうでないとしたら異性か品物についての噂話だ。世間とは昔からそんなものだとはいえ、どうも（K・マルクスのいった）貨幣・商品へのフェティシズム（物神崇拝）の度が強まっているのは確かなようだ。いや、そこに「物を神として崇《あが》める」といった強い気持ちが込められているようには感じられない。会話のための準備も努力も少ないままで周囲に通じやすい話題、それの代表が金銭話とみえる。その証拠に、彼らに富家の様子がみじんもなく、そもそもブルジョアになった者が安酒場のボロ椅子に長時間座っているわけもない。

「話しやすく模型化され、すぐにその場に流通しやすい話題」、それが金銭話で、人々は低きについて金銭の造花を休みなく咲かす花咲アンチャンだか花咲トウチャンになるということなのではないか。いや、「低きにつく」という選択を彼らが意識的に行っているとも思われない。メディオクリティ（凡庸性）をあえて選びとる際には何ほどかの含羞が顔に浮かんだり物言いの淀みや滞りが生じるものだ。そんな挙措《きょそ》のかけらもないところをみると、金銭話はマモニズム（拝金教）に立つものでもフェティシズム（物神様への崇拝心）に基づくものでもない。一つに、ほかに話題をみつけ筋道立てて喋る能力がないこと、二つに、金銭話ならその場でひとまず反応を得られるという体験を有していること、それが酒場に金銭話が、弱くいえば仕事話が、横溢する原因だと思われる。

ここでいいたいのは、キャピタリズムの「イズム」は、日本人が通常に考えるような「主義を主張すること」ではなく、「習性となってしまった態度」のことだということである。最近、よく「グリード」（貪欲）のことがいわれる。アメリカくんだりで何百億ドルを日々動かしている奴らにはグリーディの形容が当てはまるのではあろうが、一般の多忙人にはそんな強い心なんかとうになくなっていて、いわば「貪欲の流れ酒の数滴」を飲んでいるだけのことである。

それにしてもポッと出の小説家が「俺の初版は五千、誰それのは四千」などと話しているのを聞くのは反吐が出るくらいに気持ちが悪い。教養の一丁字《いっていじ》もなさそうな編集者が「誰それ（の作品）はもう終わった、これからは誰それのだ」と宣うているのも気味が悪い。で、場所を替えてみるのだが、どこも似たようなもので、タクシーを拾って家路に向かうほかない。窓外にみえる「文明の廃墟」といった風景をみやっているときの唯一の慰めは、多くの先人たちもこんな気分で、最後には「家に閉じ籠もり、天井を睨んで死んでいったのであろう」と想像してみることだけである。

こんな世相について喋々したのは、巨大な（アメリカでいえば人口の〇・一％ばかりの）キャプテン・オヴ・ファイナンス（金融の総帥）が政党や政府を動かし、最後には戦争開始のラッパを吹くについては、そうなるのを支える精神風土が何億何十億の人々の職場や酒場で広がっていることにもとづいている、と見立ててのことだ。少数の悪党がいて多数の善人を搾取・抑圧・操作しているというういわゆる反体制（左翼）的な見方は偏頗《へんぱ》にすぎる。「この世は悪党階級（政治ボスと大金持）と阿呆階級（新しい模型の流行に易々と乗じられる者）と狂人階級（一切の変革を進歩と礼賛する似非知識人）に分かたれる」――これはG・K・チェスタトンのいったことだ――のであるが、これら三階級、喧嘩することも間々あるがそんなのは一時の内輪揉め程度であって、結局は悪党の売るものを阿呆が買い、それを狂人が進歩と褒めているだけのことだ。

だから、出口なしとみえる進歩という名の刺激的な味の過酸化状態つまり「腐敗」から脱出する道は一つしかない。それは、この精神的階級社会をできるだけ無視して、古いものをできるだけ使って、「自分の身の回りの面倒見に精出す」ことだ。そのいわば脱階級の方法はごく簡単で、悪党の味方をしないこと、阿呆な意見発表は止めさせること、病人の言説には耳塞ぐことでよいのである。

家庭をはじめとするスモール・コミュニティにたいする自発的な保護主義、その網の目を巧みに張り巡らせていく以外に、この悪党と阿呆と狂人が強い靭帯《じんたい》で結ばれている「模流社会」（模型の流行に淫するマスつまり大量人に占拠された煉獄）から脱獄する方法はない。そこから脱出に成功するのは極少数に限られているであろうから、彼らにはアウトサイダー（局外者）さらにはアンタッチャブル（不可触賤民）のレッテルが貼られる。

そうされるのを人間の名誉と受けとるのが自分のプロ（前面）をテゲーレ（守る）こととしてのプロテクショニズム（保護主義）の真骨頂である。自由主義なんてものは自分を保護することを知らぬ、いってみれば殻で身を纏《まと》わぬ蟬の裸の幼虫みたいなもんで、そういう阿呆を褒め称えるのが狂人としての擬似（とくに専門）知識人であり、そういう阿呆の巨大な群れを食するのが悪党としての巨大な権力者・大資本家である。そんなことは、このたびのアメリカ大統領選におけるスラップスティック（どたばた）というよりもエロ・グロ・ナンセンスの顚末を瞥見しただけですぐ見抜けることではないか。小生、この齢になってやっと確信をもっていえることがある。「悪党・阿呆・病人であることを止めたいと一度たりとも思ったことがない」ような凄い奴はやはりいないものなのである。

9 無礼人——切符を持たずに電車に乗る類のエチケット知らずの徒輩

一年半前のことだから、七十七歳になろうとしている私に向かって「先生はまだセックスしているんですか」と話しかけてきたある出版者の編集者とおぼしき者がいた。それがその三十歳代とみえる若者との最初の（にしておそらく最後となる）会話なのである。私がもう少し若ければ、「答えるにやぶさかではないが、その前に、汝のほうから一日に何回、マスターベーションをやっているか報告しろよ」と喧嘩口上を述べるところだが、私はもう歳だ。「どこのどなたか存じませんが、何のためにそんなことを聞くんでござんすか」とだけいって、じきにその店を出た。その後、数度、その男がその店にすでにいたりあとでやって来たりすると、私はそこに入らないしすぐに帰る。むろん、気持ちが悪いからだ。

そういえば、何年か前、初対面のライターに、これも初めて会う男だったのだが、「私はあなたを許さない」と話しかけられた。「どうして」と聞くと、「元全学連なのに東大教授になったから」という。私は「自分がどうして左翼から離れたか、書きすぎるほど書いてますがね」と応え、ついでに「デモに参加したあと、いわゆるブルジョア大企業に入った東大生が何千名もいますがね」と加えておいた。

何年か前、さる著名な小説家が「あなたのことを気に入っていたが、核武装論者と知って、ブンナグリたくなった」といわれた。ただし「ブンナグル」の部分は私にはよく聞こえず、その小説家のそばにいた私の友人から教えてもらったことだ。

新宿ゴールデン街にはめったに足を運ばぬが、そこの常連との付き合いでやむなく行ってみたら、ある先客にある店で出会い頭に、「あなたは私の敵だ」といわれたことがある。私は「オルテガいわく、人が左翼であるのは、人が右翼であるのと同じように、人がバカになるための早道である」と答えておいた。翌朝、テレビのチャンネルを回していたら、その男が御座興で「奥様番組」に出ていて、最後に何人かの主婦と綱引きをしていて、負けていた。

「翼」の問題について私は山ほど書いている。核武装についても「論」を一冊の書物にしている。要するに彼らは、私のものを読まずに、かのレッテル貼りの言葉遣いで私に喧嘩を売ってくるのだとしか考えられない。エチケットの原意はチケット（切符）のことだが、酒場の会話がえてしてエチケットから外れることは承知してはいるものの、相手の顔をみるなりのエチケット破りには、物書きであろうが編集者であろうが、著名であろうが無名であろうが、やはり「バカ」の形容がふさわしい。そういうバカと遭うとその場をすぐに離れることにしている。

酒場なるものに恨み節を述べる必要はないものの、その頻度があまりに大きいもので、私はいつのまにか「酒呑みにはバカが多い」との格言を自分で作ってしまっている次第である。ただし私は、「紙とは我慢強いものだ」という英国の（物書きをからかう）格言と同じくらい、「酒とは旨いものだ」し、「酒なしの会話はつまらないものだ」し、「会話なしの人生は人生に非ず」とも考えているので、大事なのは酒場をめぐる出処進退のやり方だ、ということになる。

いや、論じられるべきは、「戦争と聞いただけで怯える」この臆病なジャパ公、元へ戦後日本人が、「人間交際」――これは福澤諭吉がソサイアティ（社会）にあてがった訳語だ――におけるエチケット（作法）をかくも平然と破るのはなぜか、ということのほうだ。というより、その答えはごく簡単で、彼らは相手が短銃もドスも持っているとは思っていないもので、ズドンと撃たれたりブスッと刺されたりすることなどあるまいと高を括って、いくらエチケットを破っても無事ですむと思っている、ということなのであろう。

我が国における秀吉以来の「刀狩り」を非難しているわけでも、アメリカの「銃社会」を礼賛しているのでもない。ここで指摘したいのはエチケットの起因は「社交というものの愉快と危難の両面性」においてバランスをとろうという人々の（健全な）意図にある、ということのみだ。「社会がありあまる快楽で我々を誘うのは、我々をますます激しく苛もうとしてそうしているのである」（ホセ・オルテガ）とわかっていれば、たとえば、他人の書を読みもしないで、その題名だけで臆断して、「殴ってやりたい」などと幼稚症丸出しの言動はしないはずだ。

もちろん、慇懃無礼というブーワード（非難語）もあるごとく、紋切型のエチケットを多用するのは社交を破壊する原因となる。それどころか、状況の如何では、エチケット破りが社交を活性化してくれる場合すら少なくない。結局のところ、エチケットについては、それを守るにせよ捨てるにせよ、それの存在意義を意識しておくことが肝要だ、という一点に絞られてくる。それを意識にのぼらせないのはチケットなしに電車に乗《す》れると思っているようなもので、要するに（『葉隠』における山本常朝の表現でいえば）「廃たれ者」の振る舞いにすぎない。

自分の齢のせいなのか日本社会の頽廃のせいなのか判然としないものの、妻が亡くなってからのこの三年半ばかり、酒場に顔を出すたび廃たれ者と遭遇することがやけに増えてきたと感じられてならない。いや、有能で面白い若者――といっても四、五十歳代の――と会うことも少なくないので、私が確認しているのは、またしても、「世間というものの手強さ」（色川武大）ということだけなのかもしれない。その科白は「不良少年たちへの忠告」として発せられたものだが、私のような十二分に老いた者にとっても、世間は、こちらが近づくにつれ向こうは遠ざかっていくといった体《てい》のもので、この自分と世間のあいだの疎隔は万古不易であるに違いない。

このことを逆にみると、この疎隔を曇りなく自覚するところから「エチケットの状況に応じた用い方」を、経験を通じて、習得していくのだと考えられる。そうした自覚も経験も学習もどんどん薄らいでいくのはどうしてかと考えてみると、世間が、「イノヴェーションン」とやらの掛け声に駆られてその体裁を休みなく変えていくせいではないのか、ということになる。つまり、世間は、マナー（方法、型式、作法）によって成り立っているにもかかわらず、マナーリズムを頑迷固陋（のいわゆるマンネリ）として拒けるのである。

ルールといいマナーといいエチケットといい、TPO（時と所と場合）に応じて、言い換えればシチュエーション（状況）に応じて、その具体的な姿を変えていくのほかはない。だから、殊勝ぶっていえば、私が非礼の数々を受けていると思っているのは当方の勝手な判断であって、相手は自分なりの状況判断でそうしているのかもしれない。然《し》り而うして、まず「世間とはそんなもんだ」と「諦め」（ということは「明確な認識」を持ち）、次にそんな他者との不快な邂逅《かいこう》のことはあっさり「放念」してしまう、のが知恵ということなのであろう。――率直にいってしまうと、物書き人種に与えられている数少ない特権の一つは、「不快な出来事を書くことによって忘れることができる」ということなのである――。

とはいうものの、記憶そのものは消せないのだから、放念とは「記憶の体系において、気の留め方の順位を下げる」ということ以外ではない。それにとって代って順位を上げてくるのは、老人にあっては（かつては放念していた）幼い（もしくは若い）時期の記憶である。厄介なのは、そうした過ぎにし生の出来事について、「他者と語ってみたい」というホモ・ロクエンス（「喋る者」としての人間）のプロペンシティ（性向）である。この性向を失うのに成功するのは、痴呆になるか呼吸を止めるかのいずれかでしかあるまい。

10 立憲人——悪しき憲法でもその上に立たんとする精神の怠惰

コンスティテューションとは物事のスティテューション（建て方）のことだが、一般にそれは国民がコン（共に）持つ憲法とか国体とか訳されている。だが問題はその「建て方」であって、それにはインテンショナル（意図的）なものとアンインテンデイドもしくはスポンテニアス（非意図的あるいは自生的）との二つある。意図的なものならば憲法は国家設計の趣意書となるし、自生的なものならば憲法は国民のコモンセンス（共通の感覚・知覚）の確認書となる。社会主義の失敗に始まりＥＵ（欧州連合）の挫折を経て近代主義の別名ともいうべきアメリカニズムの世界規模での失態というふうにみていけば、民主憲法は政治家や知識人の限られた知性と偏向せる恣意によって「作られる」ものであってはならないと察しられるはずだ。それは歴史の試行錯誤を経て「成る」はずのものだ、それが歴史ある国家の憲法でなければならないことを強く示唆しているのが近現代史の経緯なのである。

その点を強調すれば、憲法をも不文慣習法のうちに括るのがよいということになる。詳しくいえば歴史上の「憲法的基本文書」にどんなものがあるかを指定するにとどめて、あとは国民の選んだ代議士の議論に委ねる、という英国流が（おのれら国民の歴史に自尊の気持ちを持つ）国家にとって最善の憲法観だと思われる。

少し控え目にいっても、成文制定法の各条項に国民の歴史的常識をしっかりと盛り込むことが必要になる。日本国憲法は、「米定」のものであって「欽定」でも「民定」でもない。あっさりいって、それは日本国民の常識を変更することに狙いがあったのであり、さらには皇室の存在意義を薄めることをも意図して作られたものである。つまりそれはアメリカの意図によって作られた実験国家「戦後ニッポン」の設計書なのであった。

今、明治期・大正期の煤《すす》だらけの書庫のなかから「立憲主義」という単語を取り出して世間に喧伝しようとする知識人が少なくない。ここで大日本帝国憲法（明治憲法）を復活させよ、といっているのではむろんない。フランスの人権宣言やアメリカの独立宣言を猿真似して（たった六日間の）拙速で公法学そのものに無知も同然のアメリカの若い軍人たちが草案を書き、それを二日間で翻訳し、ほぼそのまま決まったのが（戦後）日本国憲法であり、それを後生大事に守り抜けというのが今風の立憲主義なのだ。

一体全体、「大事にする」とはどういうことか、という素朴なことから話を始めなければならないのだから、今時の憲法論は書くほうも読むほうもウンザリの成り行きではある。つまり、立憲主義を本気でいうのなら、「現憲法に重大な欠陥ありと判明すれば、できるだけ速やかに改正する」というのが立憲の本意のはずではないか。「悪しき憲法の上に立つ」などという立憲主義はどこをどうひねっても出てくる思想ではない。つまるところ、今の立憲主義には、その系として、「護憲主義」が携えられているのである。つまり「既存の憲法の上に立つ」ばかりで「真っ当な憲法を見出す」という作業がなおざりにされ、「改憲は罷りならぬ、少なくとも厳重な注意を要する」という（含意どころか）剝き出しの意図を持って立憲がいわれているのである。

国民が自分らの常識を忘れたり捨てたりして平気の平左という御時世だから、成文制定法の上に立憲するのはやむをえぬとしよう。しかし、端的な例でいうと、「交戦可能な戦力」である自衛隊の存在を国民の九三%が受け入れているのに、「戦力不保持と交戦禁止」を定めている九条第二項の改正には六〇%ばかりの国民が反対している、というのはあまりにも常識に反している。この国民の名を騙《かた》る列島人民のあまりの不合理を立憲主義の名で覆い隠すのは、はっきりいって、詐欺である。

そのほか、ここでは言及せぬが、小生の『わが憲法改正案』を斜め読みでもしてくれればすぐわかるように、現憲法には「アメリカニズムもしくは純粋近代主義の歪み」とでも呼ぶべき欠陥が（点在どころか）溢れ返っている。それらを改正する、もしくは国民に本来の常識に添うように再解釈を施していく、そういう努力をせぬままに立憲主義をいうのもまた詐欺である。

詐欺を常習としているうちに護憲派の手練手管も発達してきていて、「この憲法の本質はリジディティ（硬直性）にあり、つまりフレキシビリティ（柔軟性）を否定しているのだから、現憲法下での改憲は（現憲法を破棄するという意味で）革命に当たる」という者たちが出はじめた。読者よ、おわかりだろうか。彼らは「革命なんていう恐ろしいことをやる気なんですか」と一般国民を脅かしているのである。

たしかに（カール・シュミットがいうように）「憲法の根幹部分（本来の憲法）を変えるのは革命であり、既存憲法下で改正できるのはその枝葉部分（憲法と法律の中間としての憲法律）だけである」というのは正説であろう。解せないのは、この憲法のどこが根幹でどこが枝葉かについて彼らが議論しないのは――その議論を始めたら百家争鳴となるので――

許すとしても、「革命をやってどこが悪い」といってのける者がただの一人もいないという点である。ちなみに「革命」の本義は「天命（不易の価値）から大きくずれたら大きな革新（変化）を起こす」ということだ。

「純法律上の革命（大変革）」なんかは実はごく簡単なことで、昭和二十一年の第九十帝国議会でそうしたように、「今国会を新憲法制定議会とする」と国会議長が宣すればすむ話にすぎない。これだけ国際情勢が転変し世界人類の気持ちも落ち着きなく浮動する御時世で「憲法上の革命」が起こってどこが悪いのか、しかもその革命は日本国家の規範を日本の歴史の本道に繋げるという、革命にとっての、本来の軌道に乗っているのである。

しかもそれは（宮澤俊義のいう、アメリカの要求を受け入れることとしての）「横からの革命」なんかではなく（国民の代表者による自発的な）「下からの静かな革命」なのであるから、革命という言葉を脅迫に遣う護憲派の言語感覚が、狂っているとまではいわないが、大雑把すぎるのである。いわんや、彼らの多くが（ほかの機会には）「革命」と聞けば大喜びするいわゆる左翼人士ときているのだから、何をかいわんやではある。

大雑把といえば、我が国民のうち現憲法の全文を読了し理解しかつ批評したことのある者は、おそらく千人に一人といった割合であろう。もしそこに「国民の常識」が記されているとの判断でそうしているのなら、それでよいのである。自分らの常識は、日常の生活でつねに追認し実践していることであるから、それをわざわざ憲法で再読したり再認識するのは、酔狂の振る舞いに当たる。しかし逆に、仮に憲法に自分らの常識に反することが記されているかもしれないと疑うのなら、そんな（特定の時期に特定の能力しか持たぬ特定の人物が書いた）憲法の文章などは、無視するのでないとしたら、克明に読んで精妙に改正しておけばよいに決まっている。

コモンセンスとは歴史の時間と国土の空間の双方とにおいてコモン（共通）なセンス（感覚・知覚）のことで、それを「人為的な制定法」によって踏みにじるのは不徳の限りである。どんな法もモラル（集団のモーレスつまり習俗）から大きく離れるのでは悪法として排されるしかない。ついでに確認しておくと、「憲法は理想を語るものだ」という巷間に流布されている説もブルシット（嘘）である。憲法が国家の根本的な「規範」であるということの背景には、「理想と現実のあいだで、（状況に応じた）平衡を保つための基準」をもってノルム（規範）とみなす、という考え方がある。現実があまりに不徳の状態にある場合にだけ、その規範が理想とみえてくる、ということにすぎないのである。

また、憲法は政府権力の発動を規制するためのものだという巷間の説も間違っている。政府が国民の意志から甚だしく隔たった政策を実施できる権力を手にしている専制政治の場合、その場合にのみ憲法は政府にたいする規制条項として機能する。デモクラシーが発展・成熟・爛熟する歴史段階に至れば、政府が民意を蹂躙《じゅうりん》するなどということは起こりえない。つまりは、憲法は「国民とその政府」(国・家)にたいして規範を与えるもの、ということでよいのである。もっというと、バビロン法典以来、法の本質は「禁止の体系」という点にあるのであって、そこには「人間性への半ばの不信」が表明されているのだ。だから、崇高・絶対・超越の「主権」などを憲法に盛り込むのは悪しきヒューマニズム(人間性礼賛)というほかない。

「立憲人」は要するにアメリカから頂戴した憲法を「崇高の次元から降り下ってきた不磨の(でなければならない)大典」ととらえたいのであろう。自分のオッツムのチャンネルをその外国製の大典マニュアルに合うように回す、というのは度し難きサイボーグ(情報に制御される者)さらにはロボット(機械の動きに沿って動く者)であって、とてもまともな人間とは思われない。その意味で立憲人は「受け身の法匪」である。現下の高度情報社会で「型《フォーメーション》の中《イン》に収まった」情報《インフォメーション》にもとづいてしか思考も行為もできなくなったウルトラ・モダニスト(超モデル人にして超モード人)が憲法を「模型《モデル》の流行《モード》」(「模流」)として振る舞うのは致し方なき顛末ではある。

だが、そんな「模流人」が「マス(大量人)」となっていくら数を増やそうとも、そして「スマホ人」とか「選挙人」とか「立憲人」とかになって巷間を闊歩しようとも、そんなのは幽霊も同然の「人非人たちの群れ」とみなしておけばよい。「未だ人である人たち」よ、そういう「お化けの社会」がやってきたのだと肝に銘じられよ。しかもそのお化けの見本が「いわゆる知識人」だときているのだから、おまけにお化けのダーンス・マカーブル（死の踊り）の会場がテレビ・雑誌・書物・集会・議場だとなっていることをみれば、正気の者は瞑目することをもって健康法としなければならない。

11　メディア人――言葉の破壊業者に引き渡された現代文明

いわゆるSNS（ソーシャル・ネットワーク・サーヴィス）を含めていえば、メディアが世界を完全に覆いつくしている。だがメディアの中心に依然としてテレビが居座っているからといって、M・マクルーハンのように「ヴィデオシー」（映像音響感受能力）のリテラシー（文字解読能力）にたいする優位」を私は唱えはしない。メディアの映像を眺めていると、それらには簡略化された（リテラシーによる）固定した意味づけがあらかじめ付与されており、そうすることによって世論形成の主体となりえているのである。

だがその前に、メディアについて論じる者はその論評が自己自身に突き刺さってくることをあらかじめ知っておかなければならない。なぜといって、言語的動物たる人間にとって、言語こそは最も基本的なメディアつまり「情報交換や意味伝達の媒体」にほかならず、学者といい評論家といいジャーナリストといい、はたまたテレビ・タレントといい、メディアマンであることに違いないからである。だから、四半世紀ほど前までは学者たる者にとって（余程の教養番組でないかぎり）テレビという映像に片寄った代物に出るのは恥さらしの所業というのが通説だったのである。

だが私は、原発についてあまりに酷い世論が罷り通っているのをみて「義をみてせざるは勇なきなり」と感じ、また「十対一の少数派ならば世論に迎合したことにはなるまい」と考えてテレビに準レギュラーという形で出演することとなった。要するに私はテレビについて準プロくらいの立場にいることになってしまったわけだ。

その私に、ごく最近のことだが、あるテレビ局のモデル級の美女が名刺を手渡してくれた。その名刺の肩書にMCとあったので私は思わず「MCって何の略ですか？」と聞いてみた。それにたいする答えはなく、もう一度聞き直すと少々不愉快な表情を浮かべて彼女はその場を去っていった。もちろん私とてMがマスター（女性だからミストレス）くらいのことはわかる。わからなかったのはCが何の略かということである。テレビ番組にコミッティ（委員会）ほどの高尚もしくは厳密な話題があるわけはないし、カンファレンスほどの雑駁《ざっぱく》かつ遠大な論題があるはずもない。セレモニーというのではテレビ番組から活力を奪ってしまう。

そもそもサブキャスターの美人女性が番組のお飾りであることは周知のところであるし、そんなものを職業に選ぶ女性の気持ちが私には図りかねてきた。それはともかく自分の肩書についての認識もないというのはあまりにサブすぎるのではないか。

そんなことを知人に話していたら、その外国通の人物が「イギリスでMCというと葬式の司会者のことですよ」といってくれた。それが本当だとしていうのだが、なるほど大概のテレビ番組は言葉の葬式場のようなものである。つまり死んだ言葉が掘り起こされたり放り込まれたりしているにすぎない。私としてはそこでできるだけ言葉を生き返らせようとして悪戦苦闘してきたつもりだが、結局は何の効果も上げられなかった。そこで、自分の葬式作業を振り返ってメディアなるものについて一言の解釈を付しておきたいのである。

どんな出来事も人間の意識にはまずフェノメノン（現象）として現れる。その現象が人間の感情や観念のすでに固定化されたものによって象《かたど》られることによってファクト（事実）となる。その事実が人間の記号的・言語的な秩序によって構成されることはいうまでもない。

だが人間にはその固定されたものに再解釈を施す能力がある。その能力を駆使して人間は当初の現象に新たな意味づけなり価値づけなりを施すのである。このいわば三角形からなる構造は（C・S・パースがいったように）言語媒体を駆使するものとしての人間にとって普遍的なことであり、それから逃れることなど人間には不可能である。

だが今のメディアなるものにあってはそうした再解釈や再意味づけをする過程がおおよそアノニマス（匿名）に行われている。時折に発言者の名前が付されることもあるが、そんなものはすぐさま忘却の彼方へと飛んでいく。あるいは、紋切り型のことをいう奴、もしくは紋切り型を破ることをやる奴とのレッテルだけが貼られて、そのいっていることの内容はどうでもよいこととされる。その意味でメディアを支配しているのは言葉にかんするきわめて皮相の政治的な分類学にすぎないのだ。

メディアでの発言にニュートラリティ（中立性）などありえないというのは本当である。どんな発言も何らかのクライテリオン（規範）にたいする同調もしくは反発として繰り広げられている。一般に人間のあらゆる時代がクライシス（危機）を孕み、クリティカルライン（臨界線）上を漂い、そして何らかのクライテリオンにもとづいてクリシス（ギリシャ語で決断）を下さなければならないのであってみれば、中立的発言などはこの時代というものの際どさを知らぬ者たちの間抜けな発言と呼ぶしかない。

むろんのことだが、世論人気に迎合せんとする間抜けな発言が溢れ返るのがメディアではある。しかしそれらとてどんな時代の危機においても必要なエンターテイメント(余興)ととらえれば、余興のない時代などありはしないと弁護することができる。

エンターテイメントとは、誰も指摘しないことだが、「互いに抱き合うこと」をさす。現代人はあまりにも寂しいので折あらば誰かと抱き合おうと必死なのであろう。そう考えればテレビの提供する余興も必需品の一種だといってよいのであろう。

私のいいたいのはその肝腎の余興がありきたりの葬式めいた式次第で進み、そこで発せられる意見も毎度おなじみの死んだ意見となれば、しかもそのオピニオンなるものは「根拠の定かならぬ臆説」にすぎないということすら忘れられたような紋切り型の繰り返しとなれば、それはもう余興の名に値しない。

その紋切り型のほんの一例を挙げてみよう。二〇一七年秋の総選挙で繰り返されたのは「安倍一強政治は許さない」という決まり文句であった。しかし誰一人その一強が一悪であることを明解に説明した者はいないのだ。たしかに、強い者がみずからの強さに慢心して悪をなしがちであることは歴史上多々ある。しかし逆に多弱がみずからの無能力のゆえに多悪の結果をもたらすことも少なくない。その子供ですらわかることを踏まえていえば、一強政治批判のスローガンなどを壇上に掲げられるはずがない。

「安倍の対米追随は許さない」という科白についてはどうであろうか。私も「日米間の一〇〇％の軍事同盟」などを、アメリカの口語で一〇〇％は「もっと、もっと」という形容のことにすぎないとは知っているが、日本人がわざわざ口にする必要もあるまいにとは思う。「七五％」というのも角が立つので、せめて戦後七十余年の経緯からして「日米間には強い軍事的信頼関係がある」くらいの修辞でとどめておいてくれたらどんなによかったかとは思っている。

しかしそれ以上に大事なのは日本が軍事的に強くなることであって、そうしなければアライアンス（同盟、一線に並ぶこと）などは絵に描いた餅になり、結局はアメリカに首根っこを押さえられるに違いないと私は思う。そのことについて与党も野党も口を噤《つぐ》むような総選挙などに私は何一つ関心を持てなかった。

そんな面白くも可笑しくもない総選挙をめぐって、たくさんの番組が催されていたが、そこでキャスターなるものはいったい何をしていたのだろうか。キャストとは本来は「放る」という意味の言葉で、出演者に話題を放ったり、役柄を投げ与えたりすることをさす。聞くところによればキャスターの裏にはさらなるキャスターがいるそうで、場面転換に応じて「カンペ」なるものをプロデューサーたちが示し、ここで何とかさん少し冗談を、少し乱暴を、などと指示したりしているとも聞く。そんなカンニングペーパーに従っている徒輩は「テレビに出て自分の顔を売る」ことだけが目的であって、そういうのを昔は目立ちたがり屋のおばかさんと呼んでいたものだ。

いずれにせよキャスターだかディレクターだかがカンニングペーパーで番組を作るようでは、そんなものは何のリアリティもない余興であって、視聴者は退屈に苛まれ、致し方なく窓外の木々に眼をやるのだが、それも退屈なので「枯れ切った人間の言葉を鼓膜に雑音として響かせる」といった仕儀となるわけだ。

私は自慢でいうのではないのだが、テレビで常習化されているボキャブラリー（語彙）やリーズン（理路）から外れた言葉を比較的多めに用いることにしている。するとたちどころにお前のいっていることは難しいとの定評が立つ。「難しい」とはなんのことなのか。聞き慣れていないことが難しいということだけなのである。聞き慣れたことならさらに聞く必要もあるまいにと私は思うのだが、聞き慣れたことを聞きながら半睡状態に入るのが現代人にとっての最高の幸せということのようなのである。

いや、そう断言してはいけないのかもしれない。聞き慣れた言葉に「ちょっとした新説」を付け加えること、それがこのメディア世界を取り仕切る「流通性」というものの味噌である。そして映像の少ないＳＮＳの世界では流通力を増すためにいわゆるヘイトスピーチなる刺激語が多用されているらしい。

私自身は、心のどこかに「最も信じたいのは自分自身だが、最も信じられない、つまりアンヴィバレンス（愛情相半ば）の感情にとらわれているのは自分だ」ともわかっているので、ヘイトスピーチは喧嘩を買うときの口上としてしか用いないことにしてきた。しかしそんなのは時代遅れの人間のやることで、この世の表面に浮かぶ言葉はなべて刺激性を高める露骨な言葉と流通性を強める簡略な言葉によって占められつつあるとみえる。

メディア世界がこんな顚末になってしまっているのは、メッセージが溢れ、コード（暗号解読法）が肥大化したせいではないのか。メッセージの背後には本来、人々のコンタクト（接触）があり、コードの背後にも人々の交際におけるコンテクスト（脈絡）があったはずである。現代人は、一言でいえばハイマートロス（故郷喪失者）となったために、そうした「接触と脈絡」を失ったのである。

今さらゲマインシャフト（日常性）の回復をいっても致し方あるまいが、せめて、故郷喪失者たる自分たちがその言語能力においていかに大きな欠損を抱えているかについての自覚ぐらいは共有してほしいものだ。いや、私はそのことだけを主張してきたのだが、自分の本気で書いた原稿に出版社が（さも私が立派な故郷感覚の持ち主であるかのような）デタラメな表紙をつけるのをみると、おのれの言説には何の効果もなかったと知らざるをえない。その結果、ひとまずこの世を末法と知れ、末法と知るだけでも人間は少しはましになるかもしれない、というのが私のこれ以上は下がれない後退戦の最後の一線となっている。

第三章　社会を衰滅に向かわせるマスの妄動

1 「踏んづけてくれ、だが命だけは助けてくれ」——それが戦後日本の思想的極意

安倍政権が平成二十九年秋の選挙で改憲勢力を三分の二以上集めるのに成功したので、現憲法の九条第二項の廃止とともに「緊急事態条項」を新設する目論見を持っていると巷間で噂されている。それは結構というより当然の成り行きである。かつて南米のある国でクーデターが起こり議会の機能を停止させたら、「民主主義の蹂躙だ」と批判しているオバカな憲法学者が我が国にいた。憲法を停止させるのがクーデターの常套だということを知らぬ憲法学者、それは曲学阿世の徒というよりも単なる無学者である。

だが、緊急事態とは何か、それに対処するための憲法条項はいかにあるべきか、それらについての議論は本邦の戦後では初めての出来事だ。国論も二分され、またぞろ緊急の馬鹿騒ぎが演じられるに相違ない。そう予期できるからには、ここであらかじめ論点を整理しておく必要があろうかと思う。

緊急事態と非常事態の差異

エマージェンシー（緊急事態）は、救急病院があることを考えればすぐわかるように、

何がいずれ勃発するかをアンティシペート（予想）することはできるが、その時期と数量をプレディクト（予測）できない場合をさす。だから、予想される緊急事態にたいして「制度的な仕組」をあらかじめ準備することが多少ともでき、残るのはその制度を機能させるに当たってのインテンシティ（密度）を事態の転変に対応させていかに操作するか、という問題だということになる。この問題は（経済学の方面では）一般に確率的予測の可能なリスク（危険）の計算の一部として取り扱われるわけだ。

　それにたいしエクセプショナル・ステート（例外状態）としての非常事態は（「予測」ができないのはもちろんのこととして）「予想」することすら困難であった事態が発生することであり、一般にクライシス（危機）の発生を「想像」することであり、そんな想像なんかに応じて制度的な枠組をあらかじめ設定するわけにはいかない。またそれにリスク計算を施すことも不可能であり、可能なのは事後的に「人的組織《ヒューマン・オーガニゼーション》」を作って危機の処理に当たることだけである。危機にあってはＩＴ（インフォメーショナル・テクノロジー、情報技術）ではなくＨＯ（人間組織）が必要だということだ。

　つまり、戦争（集団間の武力衝突）の勃発を想像して行われる現憲法九条第二項（非武装・不交戦）の廃棄に伴って必要となるのは、いずれかといえば、緊急事態よりも非常事態にたいする対応法に傾かざるをえない。なぜといって現代の戦争は、武器と戦略が異様なまでに複雑に発達したせいで、侵略（先制武力攻撃）を受けるがわにとっては、危機の発生ととらえるほかないからである。むろん、そのうちには緊急事態と呼ぶべき次元の事態も含まれているから、それにたいして（法制をもって）制度的な準備を行っておくことも、必要にして可能ではある。しかし、戦争が実際に発生すれば、非常事態（としての危機）が押し寄せるのであり、その次元の事柄にたいして国家（国民とその政府）としていかに対応するか、それに法制的準備を十全に施しておくことはまず不可能だ。

つまり非常事態にあっては、国内でのクーデターといい国際での戦争といい、「法治体制の停止」を必要とするという点で、いわゆる「非常大権」による「独裁行使」が多少とも要請されざるをえないのである。「憲法によって憲法が無効であることを宣する」という自己矛盾、それを引き受けるのが非常事態条項の設定だといってもよい。ほかの言い方をすると、「法治を否定する法治」、それが非常事態条項であり、だからこそその事態における統治者に「大権《シュプリーム・パワー》」が与えられるのだ。——明治憲法の第三十一条では「戦時又ハ国家事変ノ場合ニ於テ天皇大権ノ施行ヲ妨クルコトナシ」と規定されていたことを思い出すべきだ——。

管見では、複雑な機能分化を起こしている現代日本で天皇に大権をあずけるのは、たとえ内閣の輔弼《ほひつ》を予定していたとしても、空論に属する。つまり、非常事態条項にあっては

「首相大権」のことを明記しておくべきであろう。そして、憲法における大権の規定は「民主主義を民主主義的に否定する」ことにほかならず、したがって民主制vs.独裁制という凡百の政治学者の国家論はこの非常事態条項において脆くも破綻《はたん》せざるをえないのである。

「首相大権」の考え方は、それを天皇論のがわからみると、「天皇を純粋の文化的象徴と位置づけたままでおく」ことと同義である。むろん、文化といえども世俗の事柄であるのだから、非常事態にあって天皇が、たとえば「行幸」によって、国民との接触を密にする、などといった振る舞いが必要になるではあろう。しかし、大東亜戦争におけるように「開戦」や「終戦」の詔勅を天皇に行わせるというのは、現在に起こりうる非常事態にあっては無理が大きすぎる。政治に、いわんやその極端な場合である戦争政治に、天皇を煩わせてはならないのではないか。殺戮というあまりにも世俗的すぎる事柄を大量に含む戦争における非常大権は首相（もしくは内閣）が引き受けるべきだ。それは、同時に、天皇が国家の「文化的象徴」であることの意義を高めるゆえんでもあるのではないか。

絶えず非常事態に見舞われている時代

それを英語でコミュニティといい独語でゲマインシャフトといい、国民もしくは住民の

「共同体」は「日常性の反復」によって安定させられる。というより、日常的に（政治・経済に始まって社会・文化に至るまでの）イノヴェーションが休みなく継起するなら、共同体の基礎をなしている慣習が壊れていく。慣習が変化するのは（自由を理想次元に掲げた）現代にあってやむをえぬ仕儀とはいえ、それがあまりにエクストゥリーム（極端）になると、慣習のうちに内蔵されている（個人の人生および社会の時代の矛盾を平衡させる歴史の英知としての）伝統が破壊されていく。それは（法律上の）国民が（文化における）ナショナリティを失うことであり、インハビタント（住民）が、ハビット（慣習）を失った果てに、ハイマートロス（故郷喪失者）になることである。

つまり、現代とは国民・住民の生活を間断なく非常事態へと追い込むような時代のことなのだ。もちろん、たとえ共同体が安定していようとも、セキュラライゼーション（世俗化）の一途を辿る近現代では、人間はおのれの死を意識にのぼらせるほかなく、そして死の予期の下に有限の生を送らざるをえないということそれ自体、人間の個人としての生がつねに非常事態にあると（実存主義に倣って）いうこともできる。だが、現代は、時代が世界大戦の（おそらく長引く）前哨戦に入っているだけでなく、銃後にいる一般市民の生活がイノヴェーションの連続のせいで、恒常性、固定性、安定性を失って、漂流状態に入っているのだ。それは、個々人の生活感覚が、慣習という名の基盤を失ったせいで、絶えず非常事態に見舞われているということである。

シュムペーターのいった「創造的破壊としてのイノヴェーション」も、長期的な歴史のスパンのなかで進むのなら、市場競争と何とか両立できるのであろう。しかし、巨大に膨らんだファンドを持つ個人や個別組織が、そのカネを使ってイノヴェーションを不断に進め、さらには、政府やその軍隊をも動かして他国への侵略を企てることによって、独占利潤を獲得しようとなると、それはもう、「市場における競争」ではなく「市場への蹂躙」である。つまり、文明全般への破壊的創造、それが今奏でられているイノヴェーション狂想曲である。

それが破壊的なのは未来を危機に追い込み、したがって人々の生の感覚が非常事態の想像で充たされるからだ。何一つ「具体的に確実なものはない」と予期しつつ生きるのでは、ヴェンチャラス・スピリット（向こう見ずの精神）すらが、早晩、萎えてしまう。可能なのは、独占利潤を貪っているグレート・キャピタリスト（大資本家というよりも大総帥）のあとを追って、独占利潤のおこぼれにあずかったり、大戦の前哨戦にわか仕立ての愛国者として馳せ参じるくらいのことだ。

こういう状況にあっては、人間を人間たらしめている言葉の意味そのものが非常の事態に陥っていく。ここ一年ばかり、「安倍には困ったもんだ。安保法制改定とか憲法改正とか。こうなりゃ反戦のデモでもやるしかないか」という会話が、時候の挨拶のようにしてそこかしこで取り交されている。しかし、安保、憲法、戦争抑止がいかなるものであるべきかについての見解が彫琢されている気配はみじんもない。だからその政治用語の挨拶は「非常の事態がやってきそうですなあ」という漠たる予感の表明を一歩も出ることはないのだ。立て続くイノヴェーションに心身を焼かれて喜んで、「常態」のなんであるか、あるべきかをすでに見失った人々による非常事態への不安、そんなものはとうに黴《かび》の生えた「反戦」の（思想というよりも）決まり文句の慢性化した繰り返しにしかならない。

その証拠に、どこかから攻撃がきたら、反戦をいう者は、武器は手にしないというのだから、相手に奴隷となって服従するか、非暴力不服従で犠牲を恐れずに抵抗しつづけるしかないはずなのに、彼らには「逃げる」という方針しかないのだ、しかし、どこにどのように逃げるかを考えたら、ましてや年老いた父母や幼い子供を抱えての逃亡となると、そんな方針は単なる空語、空語、空語でしかない。つまり、空語の反復、それが非常の心理に落ち込んだ我が同胞に唯一可能な言語表現ときている。

はっきりいわせてもらおう。我らはすでに痴呆状態を呈しており、先人の言い伝えによれば、莫迦は死んでも治らないのである。そしてこんな状態そのものが非常事態なのである。「チカラ」を身につけなければ、アメリカに首根っ子を押さえつけられて侵略に加担させられ、中国の侵略に黙って屈従し、北朝鮮の恫喝にただ身をふるわせて戦《おのの》いている以外にない。そうなること必定なのに、「力の強化をいうのはパワーハラスメントなる悪である」との言葉遣いのパラダイム（範型）が我らのオツムに鋳型となって焼きつけられてしまっているわけだ。

もうわかった、と認めてかかるべきではないのか。こんな民族は「痴呆症者の群れとなって国民としては滅びていく」という、世界史にあっては非常の事態に向かって進んでいくしかないのである。憲法九条第二項を廃止しようが非常事態条項を新設しようが、そんなのは議会や国民投票場での余興にすぎない。国民自身が「力量」を持ちたくないといっているのだから、他国の力量の前に跪《ひざまず》きそれを拝していればよいのである。「チカラよりイノチ」を大事とする者なんかには、たしかに、「もっと踏みつけてくれ、だが命だけは助けてくれ」（オスヴァルト・シュペングラー）という言葉の範型を出ることなど、叶わぬ話なのである。

思うに、その範型（言葉の固定観念）はもう七十年にも及んで我らのオツムに染みつくまでに反復されてきたのだ。そうなったら、それはもう我らの人格にまでなりおおせている。この珍種の国民を世界遺産に登録するのを急ぐべきだといっておきたい。

2　自由、民主、進歩――すべてが近代の宿痾

自公vs.民共の政治的な口喧嘩が始まった。ただしその喧嘩は相手の揚げ足を取る程度のクォレル（屁理屈を繰り出すだけの口喧嘩）であって、ディスピュート（暴力的衝突の寸前にまできているいわゆる「紛争」）からは程遠い。要するに、自民党は「戦争の危機」が近づいているので、日米同盟とやらの強化のために憲法改正（九条第二項の「非武装・不交戦」の廃止）と緊急事態法の整備を急ぐ必要がある、との政治的イメージをこの列島に広めようと躍起になり、他方、選挙用としてにわかに作り出された野党たる民進党はそれにジンゴイズム（好戦的愛国主義、つまり「ヘイジンゴ＝神に賭して」と叫んで突進する排外主義）のレッテルを貼らんものと懸命になる、という選挙芝居が幕開けを待っているわけである。「ヘイ、ジンゴ」の声を発する勇気ある者などは善かれ悪しかれこの列島にいるはずもないのに、虚勢を張る者はそうした戯言《たわごと》が自分らの口から発せられていると妄想し、パシフィスト（平和主義者）の本来の意味が臆病者・卑怯者ということだと知らぬ者たちの空耳にあっては「ヘイ、ジンゴ」の音韻が鳴り止まぬのであろう。こんな㋖印の列島でかろうじて正気を保っている者はどうすればよいのか。ゆっくりと腰を落ち着けて、両党の党名

を飾る「自由、民主、進歩」つまり「自民」と「民進」なる言葉にすでに部厚く生え積もってしまった黴を剝がす作業でもやっていれば、この列島を覆う政治的な曇り空に一点の光の穴くらいは開けることができるかもしれない。

活力――それは「秩序ある自由」のこと

「総活躍社会」などと称して、とくに「女性の社会参加」が推奨されている。だが、それは（聞こえがよいというよりも）耳を素通りしていく類の凡庸きわまる掛け声にとどまる。なぜといって、人間のヴァイタリティ（活力）はいかにすれば強化されるかについての言及が露ほどもないからだ。むろん、経済成長→雇用拡大→就職女性の増大という脈絡の話はよくなされている。しかし、貨幣利子率がマイナスになるということは、実物資本の期待収益率が（インフレ率が一％とするとマイナス一％以下の）負値をとるということで、それは資本主義経済がロングラン・スタグネーション（長期停滞）に入ったことを意味している。そんなところで経済成長を呼号してみても、公共投資の飛躍的増大という手立てが財政赤字の解消および法人税減少という（経済世論の）絶対命令で禁止されているのであってみれば、夢物語にすぎない。

こんな顚末になった根本因は、「市場活力」なる虚語を四半世紀に及んで、政治家も役人もエコノミストもが叫び回ってきたことにある。実質資本の（期待）収益率が経済全体にあってマイナスだというのに市場活力を奮い立たせる者がいるとしたら、そいつはつまるところ（オッチョコチョイの別名たる）ヴェンチャラス・スピリット（向こう見ずの精神）に憑《つ》かれた狂人にすぎない。

いや、市場活力なるものが喧伝されているのは、規制緩和→テクノロジカル・イノヴェーション（技術革新の推進）→新商品・新工程・新資源・新販路・新経営法の創出にかかわる「創造的破壊」という文脈においてである。その可能性を完全に否定することはできぬものの、大事なのは、「イノヴェーションに先行した企業が独占利潤を獲得する」のにたいし「イノヴェーションに遅れをとったり失敗したりする企業は研究開発費をドブに捨てる」という経緯にあって、資本主義経済のただなかに「巨大独占体」が成立するということだ。

それだけではない、巨大独占体は政府（とくに軍隊）をも動かして侵略戦争を世界各地に仕掛け、その巨大資金の運用先を広げようとするのである。しかしそんな策略はほぼかならず相手方からの（テロを含めた）自衛戦争に遭い、結局、世界経済はアズ・ア・ホール（全体として）長期停滞に入っていく。シュムペーターは「創造的破壊が（日常化すると）破壊的創造に逆転する」ことを予見できていなかったし、マルクス派は「国家独占資本主義がイノヴェーションの鬩《せめ》ぎ合いから生じる」ということを看過していたのである。

かかる事態をもたらした根因は「規制緩和」を絶対善とするレッセ・フェール（自由放任）の軽佻浮薄にある。ナショナル・エコノミーが自立するには、「国家（国民とその政府、つまり国府＝国家）としての秩序」が必要なのだ。もっというと、「新奇なものの創造《イノヴェーション》」への活力というもののほかに、「競争と両立可能な秩序の維持と創出」への活力というものがあるということだ。ヒンドゥの教えを真似ていえば、シヴァ（破壊）神、ヴィシュヌ（維持）神そしてブラーフマン（創造）神の三者協力があって初めて、この世がヴァイタル（生きいきとした）ものになるということだ。そのためには適正規模の政府の的確な活動がなければならない。

そのことを度外視して「小さな政府」の必要を触れて回ったエコノミスト連の競争至上主義くらい罪深いものはない。これはかつてホセ・オルテガのいったことだが、「ゲームのルールをわきまえた上で、真剣に遊んでいる子供は子供っぽくない」のである。子供っぽいのは、ゲームのルール（規制）を取り外せば人々の活力が沸々と湧いてくるはずだとみてきたむくつけき規制緩和論および小政府論のほうであったのだ。そのレッセ・フェール（自由放任）に罪咎《とが》ありと遅まきながら揺るぎなく認識し、同時に平成改革騒ぎのチャイルディッシュぶりを腹の底から嘲ってやらなければならない。

国民の常識に合うように秩序を作り出す、それも「活力」なのであり、それと相俟たなければ自由な活動は、最初は活発であっても、次第に無秩序に苛まれ、やがて不活発へ、さらには無為へと堕《お》ちていくに決まっているのだ。しかもそのイノヴェーションが労働節約的であるため労働分配率が下がり、それゆえ新商品への購買力も上がらないとなれば、遅きに失するとはいえ、現下の「長期停滞」の根はイノヴェーションという経済文化そのものにあると見定めておかなければならない。

公正――それは「格差を容認した上で平等をめざす」こと

民主の主義は、「一人一票」に端的にみられるように、また「民衆《デーモス》という集合体」にソヴリン・パワー（崇高なる権力）を賦与すると構えるところから明らかなように、エガリテリアニズム（平等主義）に発している。人は、生まれる時と所と才を自分で選べないことからして、ディファレンス（格差）のただなかで生を送る。自由に意味が籠《こ》もるのさえ、このおのれの背負った格差とどう抗《あらが》うかに由来するのである。

とはいえ格差を悪用したりそれに迎合したりするのはデスクリミネーション（差別）である。「平等をめざす格差」あるいは「格差を是認した上での平等化」としての平衡感覚、それがフェアネス（公正）なのである。「自由民主」という（世界に普及してしまった）ステレオタイプ（というより空文句）の政治理念を排して、「活力公正」の（理念と現実のあいだで平衡をとろうとする感覚・知覚としての）「規範」、それが政治の中心軸とならなければならない。つまり、「活力」は自由と秩序の両立に発し、「公正」は格差と平等の両輪で動く、ということである。

「格差の是正」がどうやら新（野合）政党である民進党の第一の主張であるらしいが、「悪平等（画一化、均一化、平均化）の是正」も必要なのであってみれば、「公正」の規範を押し出すことによって「差別と画一」の両弊害を払拭すると構えるべきで、そうでなければ「格差の是正には経済成長が必要」という自民党の――現下の長期停滞傾向のなかでは不可能にすぎなくなった――空疎な反論に返す言葉がなくなるのである。

「民進党」のもっと大きな欠点は、「進」歩主義を疑ってかかる思想的能力がないらしいところだ。イノヴェーション（革新）あるいはチェンジ（変化）が、紆余曲折はあろうとも、つまるところプログレス（「前進《プログレス》」）が良き結果をもたらすものとしての「進歩」に繋がるとみること）となるという独断だけは相も変わらず不動なのである。イノヴェーションが立て続くことによって、一方で、独占体が高く頭をもたげているのみならず、他方で、未来展望が（確率的予測の不可能な）クライシスに、つまりリスク（危険）を超えてかろうじて予想さらには想像することしかできない「危機《クライシス》」に直面している。そこでは、国民も政府も、根拠の定かならぬ「決断《クリシス》」を迫られるほかないわけだ。

そんな時機に文明の進歩を（信じるのはむろんのこと）口にするのは愚者の振る舞いに当たる。民主主義を口にするのもそうであって、国民一人びとりのオピニオン（意見）は「根拠の定かならぬ臆説」であり、それを集計したものとしての「世論」もまた然りである。いや、その世論があまりに頻繁かつ極端に揺れることを思えば、「民」は（その漢語の原意に沿って）「精神的な盲目者たち」つまり（堕落したデーモスとしての）オクロス（衆愚）のことと解してかまわない。要するに民進党なるものには、自民党もそうだが、戦後レジームのなかで安らごうとしているという意味で、政治思想上の進歩が何もみてとれないのである。

政党であるからには（自分らの政策によって）文明が進歩すると喧伝せざるをえないのは認めるほかはない。しかし現代において可能な進歩は、「イノヴェーションの質と量に国家が法律的、政治的かつ文化的に制限を加えることによって文明の破壊と退歩を遅らせる」ということしかないのではないか。それは、文明思想でいえば、「進歩主義を懐疑するという進歩思想」のことであり、その思想を実践に移せば、「イノヴェーションにおけるグラデュアリズム（漸進主義）」であり、その漸進主義によってもなお国家たるの体裁を失わないでおくには、「国民性の貯蔵庫である家族、地域社会、統治制度」をめぐるコミューナリズム（共同体主義）を堅持する必要がある。

詳しくは知らぬが、こうした立場に最も近いところにいるのはどうやら日本共産党のようだ。しかし、このコミュニスト党は（軍事を含めた）外交において、平和主義の虚妄を（たぶん虚妄と知りつつ）振り巻いている。つまり広くいえば、歴史的なるものとしてのコミュニティ（共同体）を守るための自衛軍を強化しておかなければならないということを、日共は、つまり日本共同党ならぬ日本共産党は、無視するの挙に出ている。

日本政治の（対米追随による）長きに及ぶネジレはついに、内政においては共産党が、外交においては自民党が、それぞれかろうじてリアリティを保ちえている、というところまできてしまった。これら七十年余間の宿敵同士の手打ちは、少なくとも今後二十年間は想像外のことなので、日本国家は見通すかぎり壊滅の道をひたすらに歩むであろう。そうみるのは、想像を超えた予想であるどころか、予想を超えた予測に属する、つまり相当に確実なことだといってさしつかえあるまい。

3　歓迎、世界のソフト・ブロック化

USAにおける大統領選という名の騒擾を顧みれば、実にオモシロオカシイ展開を示した。ドナルド・トランプは、共和党候補として公然とTPP反対を唱えつつ、おそらくはミドゥル・ウェスト（中西部）のいわば「アメリカ的なるもの」の支柱をなす「清貧と勤勉」の気分と、さらにはプアホワイト化しつつある（これまでの）中間層の不満とを代表して、「孤立主義」を公言し、大統領就任後はTPPから離脱するための大統領令に署名した。民主党の第二候補であったバーナード・バーニー・サンダースも、農業や中小企業や勤労者階層を擁護する立場からTPP反対を公言した。それに押されて、ウォール街やマスコミの代弁者たらんとしているヒラリー・クリントンも、渋々ながら、TPPには賛同しないと表明する有り様であった。

孤立主義に向かうアメリカ

こうした成り行きにみてとれるUSAの孤立主義への傾きは、二百年近く前の（ジェームズ・）モンロー主義より狭い種類のものだ。一八二三年に発表されたモンロー教書は

「南北アメリカ大陸全体」をUSAの縄張りとするという宣言であった。それにたいし今のUSAが辿ろうとしている孤立主義は、長きにわたった世界への覇権主義的な拡張の歩みを逆転させて、USAに閉じ籠もろうとする、いわゆる「アメリカ・ファースト」の動きだ。

むろん、ウォール街もCIAもペンタゴンもそう簡単に覇権主義（その武力面での現れがUSAにとって邪魔な国々への侵略）を止めることはできないであろう。また、USAには、その内部における人種混淆と文化葛藤の混乱を乗り越えるべく、国家統一を図るためには、外部に向けての拡張目標を掲げざるをえない、という半ば必然の歴史的趨勢《すうせい》から逃れることができないでもあろう。とくに、軍事力と金融力と情報力しか誇るべきものは持たない、つまり歴史感覚が乏しいせいで文化力に欠けるUSAが孤立主義に逆行するのは至難の業と思われる。

とはいえ、それらアメリカン・パワーが、ヴェトナム戦争以来、ほとんどすべて大いなる失点をしか記録していないのも確かだ。だから、結局、これからのUSAに待ち構えている最も大きな可能性は、「世界から徐々に撤退しつつ内部抗争を漸進的に激化させていく」といったところなのではないか。そのことを見据えた上で、日本の安倍首相が対露外交に踏み切ったのなら、それは大いに評価すべきことだ。つまり、USAがかかる混濁を

（私にいわせれば案の定）みせつけているのであってみれば、我が国は、米中露三大国を相手にしてのバランス・オヴ・パワー・ポリティックスを、もっとはっきりいえば適宜的確に合従連衡《がっしょうれんこう》を展開するのほかはない。USAとチャイナが（対抗しつつも）野合する可能性が小さくない以上、そこにロシアという要素を入れることによって、米中を牽制することの意義は小さくないということである。

それにしても、日米同盟なる虚構に情けなくもすがりつき、TPPにグローバリズム大賛成の理由に立ってのめり込んでいき、しかもそれを正当化するのに日米同盟の強化に役立つという理屈を持ち出していた我が国の政治家、役人、知識人、ジャーナリストは、どんな顔でアメリカ大統領選を眺めていたのであろうか。もちろん、自分らのこれまでの言動については「知らぬ顔の半兵衛」を決め込んで、「アメリカの迷走」とやらについて心配し、そして「日本の防衛はどうなる」と憂い顔をしてみせるだけのことであろう。

アメリカの迷走（というよりも暴走）は今に始まったことではない。端的にいって、自由・平等・博愛・合理を過剰に求める理想「主義」が放縦《ほうじゆう》・画一・偽善・屁理屈に舞い上がってアメリカ国家を混迷に追い込むとき、事態が逆転して、現実「主義」の名において専制・差別・弱肉強食・熱狂が出現するのだ。それは秩序・格差・競合・感情の現実を過剰へと追いやることにほかならない。こうした理想「主義」と現実「主義」のあいだの往復、それは歴史の英知としての平衡感覚を欠いているアメリカ文明の、つまり実験国アメリカのいわば宿命のようなもので、そんなものを範としてきたのは日本の「戦後」にとっての恥辱にほかならない。

また、トランプ発言における「日本の防衛は、核武装するかどうかも含めて、すべて自分の費用と自分の判断でやれ」というのは、アメリカの本音のかなりに近いところにある。それのみならず、アメリカ防衛学会の（ケネス・ウォルツらの）主流派つまりリアリストと呼ばれる学者たちの見解、つまり「核拡散こそが世界平和に資する」という見方とも合致しているのだ。そうはいっても、今や「サイバー攻撃」なるものが、地上のみならず、宇宙の人工情報衛星めがけて準備されている時代なので、単純な核拡散論ではすまなくなっている。いずれにせよ、日本は自己の努力によって、可及的すみやかに、自衛の態勢を整えなければならないのである。いや、それは防衛のことにとどまらず、日本が文明としての自尊と自立をいかに取り戻すかということにかかわる問題なのだ。

それは集団自衛を否定することでも外交努力をないがしろにすることでもない。集団自衛・外交調整を実効あらしめるには、ということは相手に約束通りに行動させるには、当方に「チカラ」がなければならないということだ。「外交協調」か「軍事威嚇」かという二分法の防衛論くらい下らないものはない。「軍事力の裏付けなき外交」など、外交の暇つぶしの（あるいは偽善に満ちた）プロトコール（外交的儀式）の域を出ることはできないのである。

ブロック化へ向かう世界

ここで軍事大国と同質量の軍事力を持てといっているのでもない。相手が侵略的行為に出てきた場合に小さくない深傷《ふかで》を負わせるだけのチカラを持っていれば十分なのである。ただしそのチカラには、当方の国民の総意における戦闘意欲のことも含まれる。自衛隊の存在を公認しないような国民のために、その隊員たちがチカラを存分に発揮するわけも、できるわけもないのである。また自尊自立を軽んじる国民のために外交官が国家を背負って外国と論戦を繰り広げるはずもない。

今の日本人は「戦争の〝ない〟状態」にすぎないものとしての「平和」を維持するにはどうすればよいかについて、少しもまじめに考えていない。「必要な戦力の維持」と「必要な交戦への準備」が憲法九条第二項で禁じられている、とくに自衛隊の海外派兵や外敵との交戦は憲法違反だ、というのは法を盾にした言い逃れであり、悪しき立憲主義である。いわゆる左翼によって立憲主義という古くさい標語が歴史の物置き小屋から取り出されて国家の表玄関ににわかにぶら下げられているが、「悪しき憲法を立前とする立憲」など噴飯物の最たるものだ。悪法は死文とみなして、つまり間違った法に自分のオツムのチャンネルを合わせることなく、おのれら自身で考え抜いた憲法解釈なり憲法改正なりを行ってみせてこその良き立憲主義というものではないのか。

今次の安保法制は、同盟国とやらのUSAが今どんなに深い混迷に沈んでいるのかについて何らの判断もしていないという意味で、称賛すべきものではない。ただし、それを「戦争法」と呼んで、反戦気分を国民のうちに盛り上げることを狙い、そうすることによって「平和日本とはパワーレス国家のことなり」とするのは、児戯にすら及ばない錯乱の国家論である。「戦争のない状態」を達成維持するのに必要な防衛戦力と交戦準備をなす、そのための法的体制こそが「平和法」であるとみなさなければならない。

平和の「ない」状態が戦争であり戦争の「ない」状態が平和なのであるから、戦争法と平和法は武器の問題をめぐって表裏の関係にあるにすぎない。日本人よ、けっして馬鹿者の一億三千の集まりではないはずのニッポンジンよ、少しは精神の耳目を開いて（旧敵国の）アメリカと中国とロシアがどんな状態になっているかを眼を開いて直視し脳漿《のうしょう》を絞って注意せよ。アメリカは孤立主義に入るぞと公言し、ロシアは経済封鎖を突破して（主として）日本との交易を求め、中国はみずからの覇権拡張主義に自己不安を抱きつつある。そこで日本はみずからの軍事・外交の微妙な（つまり臨機応変の）舵取りを迫られているのだ。

ガヴァン（統治）することは、ギリシャ語ではキベルノンであり、そこからサイバー（舵取り）とガヴァン（つまりあえて造語でつないでみると「ガイバーとガヴァン」）とが同義であるという意味合いになる。情報機器を使うか政府組織を使うかは状況によるだけのことであって、大事なのはオケージョン（場合）に応じて両者のバランスのとれた組み合わせを決めることである。そうなってはじめて、国家の「舵取り《ガヴァメント》」が何とかうまくいく。

その「平衡のとれた（情報と組織の）結合」のために必要なのは何か。結論に近づけさせてもらうが、日本人が言語における記憶力、表現力、解釈力、仮説（形成）力、想像力を強めることである。――戦前のある歌謡曲の文句でいえば「強い額に星の色を映す」ほどにオツムを存分に用いて聡明になること、そうした国民の精神力がなければ、どんな情報も組織も、そしていかなる人員も物材も、宝の持ち腐れとなる。この「豊かさの絶頂に近づいている国家に深い憂愁の気分が立ち込めている」のは、この国民の言語力が次第に空洞と化しつつあるせいと思われてならない。

言語の力に限っていえば、「深い孤立心にもとづく強い拡大力」、それが良き言語活動をもたらす。あっさりいうと、アメリカへの依存心は日本人の言語力の根幹を腐らし、この列島の内がわのことにかまけるやり方はその枝と葉を枯らす。その点で幾多の錯誤を含んでいたとはいえ、戦前の日本「帝国」は孤立心と拡大力の双方を具有する一人前の国家であった。ギリシャ哲学者田中美知太郎が「昔は人も時代も上等であった」ということの本質はそういうことではないのか。あるいは福田恆存《つねあり》が「自分は、本心にあって、西洋派である」といったのも、その孤立と拡大のあいだの緊張に堪えてそれを乗り越えて前へ進むしかない、ということだったのではないか。

今のヨーロッパの指導層は、統一通貨ユーロと（おそらくは）USE（ヨーロッパ合衆国）の理念とのせいで、みずからのクラシックス（「古典《クラシック》」的なものが「上等《クラシック》」であるとみなす「階級《クラス》」）としての矜持を失いつつあるようだ。そうであればこそ、イギリスをはじめとして、EUから離脱せんとする動きが始まっているのだ。そのはてに遠望されるのは、「世界の各国家への分解」とまではいわないが、また一九三〇年のような閉鎖的なものになるとも思われぬが、世界のいわば「弱いブロック化」である。保護主義反対とかブロック化反対とかの決まり文句に頼るのはもう御仕舞にしなければならない。いくつかの大国を中心におくいくつかのブロックのあいだのゆるやかな交流、それが世界に落ち着きをもたらす唯一の国際秩序ではないのか。だが、ことここに至ってもその種の議論の芽生える気配の一片もないのだから、ひとまずヤンヌルカナ、もう御陀仏だ、といっておくほかない。

イギリスは国民投票の結果、「EU離脱」を選択した。EU結成の二十三年前から「アメリカとアジアに対抗するための「ヨーロッパ・ナショナリズム」としてEUが生まれるのは致し方ないとはいえ、域内でのナショナリズムの抗争がやがて発生し、それゆえUSE（ヨーロッパ合衆国）のコスモポリタニズムは失敗に帰するであろうと私は主張しつづけてきた。自分の判断が当たったことを自慢する気は毛頭ないものの、国際社会では「理解と誤解」、「同調と逸脱」、「調和と葛藤」、「連帯と敵対」が厳しく拮抗することを知らせてくれる点で、この「ブリテン・ファースト」のレファレンダム（国民投票）のレファレンス（参照意見）が発表されたのは実に教訓に満ちた成り行きではあった。

4 「死の岩」に乗った国の「民の家」

核武装——是非もなし

トランプ大統領が、孤立主義の立場から、「日本は、核武装でもして、自分の国は自分で守れ」といってくれている。かの前代未聞のどたばた（さらにはエロ・グロ・ナンセンス）の選挙から出てきた大統領に多くを期待するわけではないものの、せっかく日本に自主防衛を勧めてくれているのだから、この際、自主防衛の中核となるべき「核」のことについて正面から検討しておくに如《し》くはない。

一九七〇年に発効したＮＰＴ（核不拡散条約）が、我が国では、例によって不磨の世界大典として扱われている。しかしその第六条にある（既保有国における）「核軍縮を行う義務」はいささかも誠実に行われていない。そしてインドとパキスタンはこれを不平等条約とみなして批准せず、一九九八年に核武装を行っている。イスラエルもとうに同じことをしたのみならず、すべてを秘密にしている。

さらにその第十条に「周辺事情によって脱退可能」とあることにもとづいて、北朝鮮は二〇〇三年にＮＰＴから脱退し、核武装に国家存続の命運をかけ、その立て続く実験で世界を騒がしている。我が国はといえば、一九七六年、「日米安保条約の存続」を条件としてそれを批准したままである。北朝鮮や中国からの核威嚇にアメリカがどう対応してくれるかについて何の検討も行わずに、つまりアメリカの「核の傘」が破れているか否かに無関心を決め込んで、ＮＰＴに従順を誓っているばかりなのだ。二〇一七年十月末における国連の「核禁止決議」に日本が反対票を投じたのは「核の傘」は破れていない、という偽りの前提に立ってのことにすぎない。

北朝鮮を見本として——実は前世紀末からのアメリカこそが北朝鮮をはるかに上回る見

本中の見本なのだが——侵略（武力先制攻撃）的な性格をあらわにしているような国家が核を保有することは、核を侵略のための威嚇およびその実行に使用する可能性が強い。で、国際社会がそれらの国々に核廃絶を要求するのは、何の実効も挙がらないではあろうものの、当然の理ではある。

しかし我が国のように七十年間に及んで平和主義を天下の正義と見立てているような国家は、あくまで「報復核」としてしか使わないと国内外に向けて宣言かつ立法化した上でのことだが、核武装すべく（第十条に拠って立って）NPTを脱退して核武装に着手するのが道理というものであろう。そうしないのは「核と聞いただけで怯える」というニュークリア・フォビア（核恐怖症）に七十年にわたって罹っていることの現れとみるしかない。

我が国では核廃絶を虚しく叫び立てるのが各種の平和集会の定番となっている。しかし、この手合は軍事について無知の極みにあるといわざるをえない。理由は大きくいって三つあって、一つに、国際社会の国家群には他国にたいする猜疑心を強めこそすれ弱める気配はいささかもない、つまり侵略される危機が常在しているということだ。実際、MDW（大量破壊兵器）を核に限定するのは間違いであって、通常兵器とやらによる大量殺戮ならば今や日常茶飯事となっているのであって（アラブ社会では百万の市民がすでに死に追いやられているのではないか）、それすなわち「世界平和」の叫びがいかに虚しいかの証拠にほかならない。二つに、国連軍などは（安保常任委員会における拒否権のこともあって）監視団といった程度のものしか作れない。仮にそれ以上のものになったとしても、軍隊としての統一性や機敏性において極めて劣ったものにしかなりえない。そして三つに、これが最も重要な点だが、仮に核廃絶をやったとしても「核兵器を作る知識・技術」そのものは、現代文明にイリヴァーシヴル（不可逆）な要因として残りつづける。ゆえに（核廃絶が実現されたあかつきに）どこかの国家が核武装をやってしまえば、その国家が世界を独裁するというディストピア（地獄の沙汰）が到来しうる。

現に、アメリカの防衛論学会の主流をなす（ケネス・ウォルツらの）いわゆるリアリストは、「核拡散による戦争抑止力の普遍化」、それこそが世界に平和をもたらすと主張している。――トランプ大統領も耳学問でそれを知っているのではないか――。第二次大戦後の七十数年間、大国間に戦争が生じず、そしてその間に生じたすべての戦争が、核保有国の侵略でないとしたら、大国間の代理戦争であるのは、やはり核抑止力のせいだとみなすのが妥当ではないのか。また、日本の核武装に最も強く反対するのがアメリカであるのは、そうなったら日本をおのれのプロテクトレート（保護領）のままにしておくことができないから、という理由にもとづいているのも明らかといってよい。

私は、個人の感情としては、核エネルギーのことをはじめとして現代文明のラディカル・イノヴェーショナリズム（急進的技術革新主義）を寒疣《さぶいぼ》が立つほどに嫌悪している者ではある。それどころか、私的な内心のそのまた本心では、ガンディの「非暴力不服従」に共感している者ですらある。だが、人間の社会に住まう（モデルのモードに淫するものとしての）マス（大量人）は、断じて文明のリヴァーシビリティ（可逆性）を受け入れはしないのだ。コンヴィニエンス（便利）とはコンヴィーン（皆が集まること）の謂《い》であり、科学・技術を忌《い》む無勢がそれに飛びつく多勢に勝つことなど絶対に起こりはしないのである。ついでに付言しておくと、近代の軍隊と組織と戦略こそ、近代主義の権化にほかならず、「軍隊なき国家」が夢想であるということは、一つに「近代主義の乗り越え不能性」と二つに「軍隊管理の大いなる必要性」とを物語っている。それなのに、世界どこにあっても、軍隊管理はシヴィリアン・コントロールの空語を吐く以外には何事もなされていないのだ。

立憲主義――現憲法は法に非ず

自衛隊という交戦可能な戦力は文句なしに現憲法の九条第二項（非武装・不交戦）に違反している。その存在を九三％も肯定しつつ、その条項の改正に七〇％が反対しているというような国民は、統合失調でないとしたら痴呆症を病んでいる。甘くみても無思考の悪癖に染まっている。

立憲主義なる埃だらけの用語が明治・大正の用語集の古倉庫から（自衛隊の海外派兵を阻止するために）取り出されている。だが、「悪法は法に非ず」とみなして「良い憲法を作ろう」という姿勢がないばかりか、「悪い憲法にしがみつこう」などという立憲主義の合唱は聞けた代物ではない。まず、わざわざ改憲しなくても、既存の憲法文章を（日本の伝統精神に根差す）良識にもとづいて解釈し直すこと、次にそれですまないようなら、そんな文章は死文として無視するか反故《ほご》として打ち捨てればよいのである。そもそも現憲法の文章なんか、特定の時期（米軍の日本占領初期の硝煙消えやらぬ時期）に特定の能力しか持たない人間たち（米軍の公法について何の見識もない若い軍人たち）が特定の事情（日本のアメリカへの属国化）の下に特定の目論見（非武装世界の実現という夢想）に駆られて特定の期間（六日間程度）で特定の思想（ニューディーラーというソフト・ソーシャリズム）の持ち主が書き散らかしたものを二日二晩で急いで翻訳した代物にすぎない。そんなものを不磨の大典と崇めるのは、活字という物にたいするフェティシズム（物神崇拝）という病理以外の何物でもない。

「主権国家には自然権として自衛権あり」との理由づけで自衛隊を弁護するのも間違いだ。その前に、「民兵のゲリラ戦では自国を守れない」、「ガンディ流の非暴力不服従をつらぬくのは無理である」そして「国家主権をみずから進んで放棄して他国の保護領となる道には、国家の恥辱であるからには、入れない」とみなすのでなければ自衛隊という名の政府軍を正当化することはできない。

そればかりか、九条第二項の「前項（侵略の禁止）の目的を達するため」という限定句が笑止千万の文章である。「侵略をしないでおくために非武装・不交戦」というのは、次の二つのいずれか（あるいは両方）をしか意味しない。一つは「日本人は大馬鹿なので侵略と自衛の区別がまったくできない」、二つは「日本人は野蛮きわまるのでかならずや自衛を口実に侵略をやる」ということである。百歩下がって、その通りだとしても、そんなことを明文にして国家の表玄関に掲げて立国するのは、日本人の恥さらしであるだけでなく、国際社会にとって迷惑である。

むろん、自衛と侵略の区別が難しいことは認めなければならない。しかし、今度のイギリスにおける（米英のイラク攻撃にかんする）自己批判報告がそうであるように、「よく調べれば侵略と自衛の区別は可能である」。またそれを可能としなければ、世界は単なる「弱肉強食のジャングル」となる。国際関係が「社会性」を失って国際社会が消失してしまうということだ。憲法段階で「侵略は駄目だが自衛は結構」としておき、そして自衛のための「海外派兵」が必要かどうかなんかは国際情勢の如何による、とみる常識に立ち戻ればよいのである。

領土――「固有」のものはありえない

プーチン来日を前にして（歯舞《はぼまい》、色丹《しこたん》、国後《くなしり》、択捉《えとろふ》の）北方領土が七十年ぶりに返還されるか議論を呼んだ。私の予想するその解決の最上限というより日本がわの願望は――現実には（歯舞と色丹の）「二島返還」で終わるであろうが――前者三島の施政権・領土権の返還であり、択捉にかんして潜在的領土権は日本にあるとして施政権は（その期間は定かならねども）ロシアにあずける、といったあたりかと思う。

そんな当てずっぽうの予想はともかくとして、今明確にさるべき論点は「施政権と領土権の関係」である。たとえば「竹島、尖閣、北方四島は日本の固有《インヒアレント》の領土である」というようなことがよくいわれる。しかし、字義通りの「固有の領土」なんかあるはずはない。世界史を眺め返せば、ある土地を奪ったり奪われたりといった戦争史の結果としてテリトリー（領土）なりナショナル・ボーダー（国境）なりが定まってくるだけのことだとわかる。

もっと細かくいうと、「施政権が長期的に安定している土地」、それが当該国の領土と国際社会で承認されるということだ。その点で、尖閣についていうと、「施政権は日本に属するが、領土権については関知せず」というアメリカの公式見解は完全に間違っている、というより二枚舌である。むろん、それはアメリカの（自分の「一つの中国」の名目の下に見捨てる）蔣介石（台湾国民党総統）への妥協から始まったものだが、尖閣は（日清戦争の末期、一八九五年）に日本が領有を宣言し、国際社会はそれを一貫して公認してきた。というのも、今でいえば海上保安庁が当島を定期的に監視するというような形で、日本の施政権が持続させられてきたからである。――なお、竹島はすでに韓国の領土と化してしまった感が深いが、それは、一つにアメリカが（朝鮮戦争時代における李承晩韓国大統領への妥協として）「独島（竹島）は韓国のもの」とひそかに認めたこと、二つに日本が竹島への施政権の実行を怠ってきたということの結末である。

北方領土についてはどうなるのか。国後と択捉には（ウクライナ人を含めて）二万余のロシア人がすでに定住している。さらに択捉にはロシアの軍事基地すらが建設されつつあるらしい。逆にいうと、日本人は、この七十年間、北方四島にただの一人も定住してはいなかったのだ。それどころか、北海道庁に「北方領土返還」の横断幕が張られているだけで、日本人は北方四島が自分らの領土であることを（真剣な政治的主張として）国際社会に訴えてきたことすらないのである。それはロシアとの平和条約締結に努力するということも（アメリカに遠慮して）やってこなかったということだ。

ここでいいたいのは、「固有の領土」といいたければ、施政権を（もし実行できないなら）

要求する国民運動を長期にわたって一貫して展開すべきであったということである。アメリカに半永久的に軍事基地を（治外法権の形で）提供したままで、中国や韓国にのみ「固有の領土」の不可侵性などを強弁しても、屁の突っ張りにもならない。北方四島は日本の固有の領土などというのも言葉の空回りに終わるに決まっている。もっというと、「領土は戦争の勝利（もしくはそうしようとする努力）で取り戻す」もの、という国際社会の冷厳な事実を直視せよということである。

保護主義——危機にあって当然のこと

軍事力は国民の生命・財産を守るためのものであり、憲法は国民の国柄を守るためのものであり、領土は国民の生きる場所を守るためのものだ。そうとわかれば国家のプロテクション（保護、その原義は「前面を守る」こと）を大事とすることにたいして、つまり保護主義にたいして批判を専らにしてきたこの平成の時代意識は狂っていたということになる。この点でも「TPP（環太平洋経済連携協定）なんかクソクラエ」と宣うてくれたのはトランプ大統領の偉大な貢献である。逆に、その報に慌てふためいてTPPを批准したのは、我が日本人の精神年齢が（かつてマッカーサー占領軍司令官がいってのけたように）「十二歳程度」から少しも上達していないことの証左といってよい。構造改革という名の国家的秩序の破壊は、自由は自由でも、リベラリズムではなくリベルティニズム（放埒《ほうらつ》主義）をもたらす。秩序なき自由は、いわんや立て続くイノヴェーションによる（未来の）不確実性の増大は、確率的予測の不可能なクライシス（危機）のなかに社会を落とし込むのである。

危機をプレディクタブル（予測可能）とみなすのはフロード（詐欺）であり、その見本がリーマン・ショックであった。しかも、多くのイノヴェーションは、キャピタル・ユージング（資本使用的）であるため、労働分配率を低め、その結果として国内購買力を低迷させる。まとめていえば、自由主義は社会格差を異常に拡大し、民主主義はポピュラリズム（人気主義）によって政治の不安定を異常に増大させているのだ。その難関を突破すべく、強国は様々な侵略工作を世界の随処に仕掛ける。第三次世界大戦の前哨戦といった出来事が世界各地に頻発しているのはそのせいである。

時代がそうした危機の様相を示しているとわかったら、「自由民主の価値観外交」などは時代把握の大間違いに発しているとしかいいようがない。逆に、各国が保護「主義」に向かうのは当然のこととみなければならないのだ。ただしここでいうプロテクショニズムにおける「イズム」とは「一般的な態度」といったくらいの弱い意味のものである。保護と聞くとすぐ「鎖国」のことかと反論してくる者が多いが、それは子供の問答というものである。「国家の長期路線を守るための秩序形成」が不可欠となる時代がやってきたといっているだけのことである。

その意味で、スラップスティック・コメディ（どたばた喜劇）となって世界の笑い話とされたあのアメリカ大統領選も、各候補が「TPPなんか止めよ」と発言しただけでも、大いに教訓的な出来事であったといえよう。とりわけ「日米同盟強化のためにTPPを」といっていた日本の親米派はみずからの愚かさを天下にさらしたのだ。それにもかかわらずTPP関連法案を国会で急いで成立させたのだから、日本の与党の周章狼狽ぶりは目に余るとしかいいようがない。

これは、レッセ・フェール（自由放任）では国民経済がもたないと気づく人々が増えているということである。あるいは（所得をめぐる）社会格差をこれ以上に拡大させたら国民政治が瓦解すると人々が感じはじめているということである。文化のことにまで視線を及ぼせばなおのことで、国民文化を保護なしに維持する、そんなことなどできるわけがないのだ。

それらをまとめていえば、今始まっているのはグローバリズムのもたらした（国家への）危機という事態である。この危機を克服すべくガヴァメント（政府）がガヴァン（舵取り）し、それを国民が受け入れかつ具現していかなければならない。そうしないと、どんなネーション・ステート（国家つまり「国民とその政府」）も、自国本土への施政権をすら長期にわたって曖昧にし、結局、国家の全領土をすら実質的に失って他国のテリトリー（准州）あるいはプロテクトレート（保護領）となる。日本国家がいよいよもって土壇場あるいはデッドロック（死の岩）に立たされているということ、そのことの自覚を国民が自覚するほかない時機が到来しているのである。

5　勢力外交と国際法との重いが脆い連関を知った上で米中露と押し合うべし

南シナ海の紛争についてフィリピンがハーグ国際仲裁裁判所に提訴し、平成二十八年の七月、「中国が全面的に不法」との判決が出た。ところが中国の習近平政権はその判決を「一片の紙屑」と一蹴した。それをみて我が国の反中陣営は中国にたいし「不法国家」とのレッテルを貼るのに忙しい。そうかと思えば、中国事情通を自称する専門人たちは、「習近平がこの判決で赤恥をかかされ、で、南沙諸島の人民兵工作船（漁船）と公船とを尖閣に回し、仲裁判定を気にしつつも依然として軍事力の誇示に懸命である」と評している。そうなのかもしれないが、これからの国際社会において国家のパワー（勢力、実力、軍事力）と国際間のロー（法律）がどう絡み合うのかについての解釈も見通しも一向に明らかにされていない。その意味で、中国に対する非難にも解説にも思想的な次元で怠惰の目立つこと甚だしい。

そして時あたかも、アメリカは孤立主義に向かってアジアへの関心を薄めつつあり、「日本よ、自分のことは自分でせよ」と宣うている。ロシアはといえば（プーチン来日を機に）北方領土の（歯舞・色丹の二［小］島返還を中心とする）「暫定的な解決」をすら蹴飛ばして、国後と択捉にミサイルをすら配備して太平洋に睨みを利かせようとしている。つまり、全世界規模でバランス・オヴ・パワー・ポリティックス（勢力均衡政治）が始まっている御時世における（領土法をはじめとする）国際法の位置づけの「解釈と実践」がこの列島においてあまりに弱すぎるのである。

国際法は厳密には法律に非ず

ハーグ仲裁を「一片の紙屑」と称した中国も、日ソ中立条約を破棄して（アメリカに促されつつ）日本を侵略して、今も平然と居直っているロシアも、日本の一般市民九十万人を大量殺戮して平然としているアメリカも、ある意味で、正鵠《せいこく》あたりに矢を射ている。なぜといって、違反者にたいする制裁規定を欠いているのみならず、国連の機能麻痺のゆえに制裁のための警察行動をなしえないといった現状にあっては、国際法は国際社会にたいし法治の体制を敷くことなどは叶わないからである。国際法による審決はたかだか「国際社会の共有すべき価値にかんして一つの試案を提示する」（つまり「徳治」の一つのありうべき基準を示す）ということにとどまる。あの試案を「一片の紙屑」と罵倒するのは、中国流の下品さあるいはロシア風の野卑さの現れであるのは確かだ。しかし、国際社会の法治における国際法の無効性を喝破しているという点では、一種すがすがしい発言ともいえる。米軍基地も北方領土も、あの「連合国対枢軸国」という第二次世界大戦における勝利者の分け前なのであり、その「実力で得た獲物」を米露が容易に手放すわけがないということである。

だが問題はそこからだ。法治は無効で徳治も無意味ということになれば、国際の「社会」がそもそも成り立たず、世界は「優勝劣敗」どころか「弱肉強食」のジャングルと化す。いや、「二国間協定」の網目を張り巡らせて、それをもって国際秩序とみなすこともできない相談ではないが、当該の二国のあいだに（日米安保体制がそうであるように）歴然たるパワーの差がある場合が多い。そういう支配／服従の秩序は、公平性の欠如のゆえに、長期的には不安定化していくこと疑いえない。

パクス・ロマーナ（さらにはブリタニカやアメリカーナ）の「平和」のことがよく口にさ

れる。しかし、この場合のパクス（平和）は「強者による弱者への平定」のことである。だからこそそれには「平定された弱者のがわに不満のわだかまる不安定な統治状態」という含意もあるのである。いわゆる謝罪外交で、そうした勝者へのレジスタンス（抵抗）のほとんど一片をも表現しなかった戦後日本は、「パクスの歴史」におけるエクスクレッセンス（異常突起物）といってよい。

いずれにせよ、経済的交易、政治的均衡、文化的交流の範囲がかくも広がった現代にあっては、たとえ抽象性が高く具体性が乏しいとしても、何らか国際社会に共通するモーラル（道徳）を表現するように各国が努めていくしかない。ジェノサイド（民族皆殺し）や侵略（武力先制攻撃）や人身売買や（ある種の）麻薬売買の禁止、また戦争にかんして捕虜虐待や一般市民大量虐殺の禁止が多少とも具体性の高い世界モーラルとして形作られたのもその結果である。

国際法と呼ばれているものの多くは、かの（一九二八年の）パリ不戦条約がそうであったように、道徳的な宣言（の試案）にとどまる。とはいえ、そうした（フーゴ・グロティウス以来、国際法と呼ばれている）暫定的な道徳を完全に無視するような実力外交（武力による威嚇や侵略）は、長期的には、かならずやレジスタンスの暴力を誘発する。――いや、戦後日本のように強者の実力の前にひれ伏して喜びを感じるという特殊な例もあるので、実力外交は「多くの場合」カウンター・アタックに遭遇する、というにとどめておくべきであろう――。

世界に共通であることを志向するモーラルが具体性において弱いのは、モーラルの基礎であり語源でもあるモーレス（習俗）が各国各様に具体的には異なっているからだ。それをエシックス（倫理）と言い換えても同様であって、その基礎・語源であるエートス（集団の安定した感情）は具体的には各国各様なのである。しかし、だからといって、国際法などは無用の長物だとはいかない。というのも外交とは言葉の交換であり応酬であり、それらを通じる相手への説得であり（時折には）恫喝であるのだが、そうした言葉の遣り取りにあってもレファレンス・ポイント（参照点）が、つまりは暫定的なモーラル・エシックスの支点が、なければならない。そういう支点として今考えられるのは（半端きわまる）国連を中心にして（しばしば安直に）作り上げられ（雑多なものが乱雑に）積み重ねられてきた国際法と総称されているものしかないのである。

「武力をちらつかせながら」、「国際法に関連づけた外交の言葉を駆使しつつ」、「押し合い圧し合いする」、それが現代の外交だということである。軍事的対決か協調外交か、武力か話し合いか、という二者択一ほど子供っぽいものはない。「戦争が起こらないのが平和」なのだが、そのためには、また「奴隷の平和」（強者への屈従）を避けるには、「武力と言葉」を巧みに遣いこなすのでなければならない。その過程では、場合によってはベリコシティ（好戦）の態度もアピーズメント（宥和）の態度も必要になる局面もある、それが外交というものだ。それは状況依存的な外交のプラクティス（慣行であると同時に実践）の問題であって、それに不易の処方箋などは予定されていないのである。

平和とは「勝利と敗北」の確認のこと

　現下のマスソサイアティでは、つまり「単純な模型《モデル》の広範な流行《モード》」に我れ勝ちに馳せ参じる大量人《マス》たちの支配する近代《モダン》社会では、政治はポピュラリズム（人気主義）に汚染され、社会にはテクノマニアック（技術狂徒）が乱舞し、経済はマモニズム（拝金主義）に狂奔している。やがて始まる日露外交にしても、その轍《てつ》を踏むことまず間違いないところだ。――付言しておくとピープル（一般庶民）の利益を守らんとするポピュリズム（人民主義）とメディアのムードに乗るポピュラリズム（人気主義）の区別すらできていないのが今の民主主義者どものオピニオン（根拠の乏しい臆説）ときている――。

　これはグローブ（地球）丸ごとの現象であって、アメリカや日本はその先頭にいるので目立っているにすぎない。問題は、こんな世界で、「国際法は世界共有のモーラルにかんする一つの試案を示すもの」と規定することに何らか意味が宿りうるのか、ということである。

国際法なんかは世界の奥座敷に飾られる単なるキレイゴトの掛け軸であって、世界の秩序を編成するのはすべてチカラだ、人気・技術・金銭の「数のチカラ」、それが秩序の唯一の形成因だといったほうがよほど現状に合っている、とみる者も多いであろう。

だが、たとえば我が国を例にとると、奇妙な事実があるのに気づく。つまり、チカラのうちで最強のものと思われる核兵器について、それを持つことの必要について論じることすら封印されているのだ。それどころか、人口（選挙民数）の多さのゆえにアメリカの五十一番目の州になんかして「いただける」はずがなく、せいぜいが（選挙権のない）自治（准）州にして「もらえる」にすぎないというのに、そうなる儚《はかな》い夢をみながら、「アメリカ様が日米同盟で守って下さるから大丈夫」と日本人は思い込むことにしている。

我が国ばかりでなく多くの国々で、近代「主義」の権化たるアメリカにあってすら、「大金持ちたちが政党と政府を動かして世界の随所に侵略を加える」という（文化的権威を偽装することすらできない）剥き出しの自国の帝国主義に首かしげる者が増えている。そのつながりで、一方では中国やロシアが帝国主義化つまり「覇権的な意図の下での武力先制の態度」を少しずつあらわにし、他方では帝国主義に反逆するイスラミック・テロにも宗教をめぐるイスラーム（帰依）のモーラルがあるのかもしれないとの理解が強まっているようにみえる。

「数が支配する社会」では文化が枯死し、百年前にオスヴァルト・シュペングラーが予告したように「文明の冬」がやってくる。彼はそこで「新技術への熱狂」と「新宗教の蔓延」が起こるとも予告したが、どうやら、「新技術が新宗教の代用品」ともなって、その代用品が次々とイノヴェートされるため、熱狂するマスのがわもそろそろ脳震盪《のうしんとう》を起こしそうな気配である。つまり、「新技術という新宗教」の信者たちの精神のチカラがどうやら凍死寸前となっているようなのである。

それもそのはず、「イラク侵攻（とそれに続いたアラブ社会の解体）はＣＩＡの贋情報にもとづく間違いであった」と英国議会の調査委員会が大部の報告書を発表するとなれば、ホーリー・ウォー（聖なる戦争）はむろんのことジャスト・ウォー（義のある戦争）もなくなり、あるのは「オツムのマス化した指導者たちの遂行するマッシヴ・デストラクション（大量破壊）のみ」ということになったのだ。

こうしたイムモラリティ（不道徳）に人間社会はどこまで平然としておれるのだろうか。様々な共同体のモーレス（踏襲さるべきと思われている習俗）が無化していくことに平気なのは、ロボットさらにはサイボーグといった人造物だけであろう。人工知能論などというチャチな（ものに決まっている）理屈に溺れてマスがすっかり人工物になってしまうという「文明の厳寒期」がやってきたのだと高を括るニヒリストがたくさんいることは確かではある。しかし、この手合、何が楽しくて生きているのであろう。「性交は穢《きたな》い」といって（娼窟通いの果てに）二十一歳でピストル自殺したオットー・ヴァイニンガーの跡を追って、「生は無意味だ」といってさっさと死ぬのがニヒリストの面目ではないのか。いや、事態がここまでくれば、何十年後には、正気か狂気かは見通しは定かならねども、狂気染みた道徳復興運動が突如として吹き荒れるのではないかという予感すらが一種のリアリティを持ってくる。

思い返せば、第一次および第二次の世界大戦は人間ならば戦慄して当然の大量殺戮の場だったのであり、こんなことを二度とすまいとの大量気分にかられて、国際法の形成運動が始まったのである。国際法が（制裁機構をも持つという意味での）法律となりうると考えたのは大いなる誤謬ではあった。ついでにいえば「自由民主の価値観外交」なども、自由のための（国民の歴史的な規範意識にもとづく）秩序と民主のための（国民の歴史的な良識感覚としての）輿論とについて無配慮であるからには、国際法の誤謬の屋に屋を架す所業だ。

しかし、国際社会に何らかの「法《のり》」がなければ、その法について議論するのが、要すれば最も困難なことに挑むのが最も面白いと構えるのが、G・フリードリッヒ・ヘーゲルのいったジットリヒカイト（人倫）なのではないか。いや、そうみなすのがかつては人々のジッテ（慣習）であったのだが、慣習破壊の進歩主義が二百五十年ばかりも続いたあとでは、すでに失われた慣習を想起するのを慣習とするほかないのかもしれない。

その意味で日露外交の面白味は、百五十年ほど前から、「西洋流近代化への受容と反発」という二面性を日本民族と北方スラブ族がともに示してきたという経緯があるという点だ。それは文化論の問題だが、安倍首相にせよプーチン大統領にせよ、どうも「文化の歴史」について一丁字もなさそうだから、一方で経済協力についての手打ちは簡単に成り立ち、他方で、（北方領土のことを含まずにはおれない）平和条約については日暮れて道遠しの気配ではある。

そうなる最大の由縁は、日本が「パクス（平和）とは事態を元に戻す」ことだとみなしているのにたいし、ロシアは「戦利品の認証」をパクス（平定）とらえているところにありそうだ。ここで、日本人としては口惜しいことだが、講和（平和）とは「勝利と敗北」の確認のこと、つまり敗者が勝者に何を差し出すかにかんする条約のことだとわきまえておかなければならない。逆にいうと、「戦争で奪われたものは戦争で（もしくは戦争への持続的な準備で）奪い返すしかない」という鉄則めいたものが、世界史における文明の興亡をつらぬいているのである。

6 安倍首相よ、プラクティカリズムの空無を知られたし

平成二十八年十二月のことであったが、安倍首相は、なぜ、対プーチン会談を前にして真珠湾に出かけ、そこで（合掌か献花か詳しいことは覚えていないが）かの真珠湾攻撃による日米開戦の被害者にたいして慰霊の儀式をやったのか。それが首相の自発的意志によるのか駐日アメリカ大使の半強制的要請によるのかも定かではないとはいえ、首相が何を目的にしたかはあまりにも明瞭である。「対露外交を再開するが、それはけっして日米同盟を蔑《ないがし》ろにしてのことではありません」とアメリカにたいして弁明するためだ。

だが、それにたいするプーチンのしっぺ返しも強烈であった。「なに、歯舞・色丹を返せだと。馬鹿を言うんじゃない。お前たちは日米同盟こそが御大事とやっているじゃないか。そこにアメリカのロシア牽制用ミサイル基地ができるかもしれないのに、そのための便宜を供するほど俺たちは御人好しじゃないぞ」といった種類のものだったのである。「あちら立てればこちら立たず」の状況はよくあることであろう。しかし、首相および政府与党がその状況をどこまで明確に認識していたのか、何の情報も報道も、さらには推測も憶測も発表されていないのである。

プラクティカリストの無残

安倍首相のことをプラグマティストと呼ぶ者が多い。しかし、プラグマティズム（実践主義）にはC・S・パースに始まりW・ジェームズを経てJ・デューイに至る（そして三者三様に方向と主張を異にする）哲学的な基礎がある。つまり「生の実践のなかで認識が成長する」とみなす真っ当な姿勢がプラグマティズムにはある。したがって哲学的には、首相にたいしてプラグマティストではなく、プラクティカリスト（実際主義者）という形容がふさわしい。ここで実際主義というのは、「目前の具体的な問題をどう解決するか」を主題とする態度のことである。だからその別名はオポチュニスト（状況適応主義）あるいはオケージョナリスト（機会に反応するのを旨とするやり方）ということになろうか。首相に限らず現代人は、指導層であれ追随層であれ、おおむね実際主義を旨として、経済的利得や政治的権力や文化的栄誉にありつくべく、我欲丸出しで生きそして虚無のうちに死んでいるといってよいであろう。

実際主義には二つの特徴が歴然としてある。一つに「現在にかんする視界が狭い」こと、二つに「未来にかんする視野が短い」ことである。逆にいうと、そのおかげで、実際主義者の言動は「目前の観察（および計量）可能なもの」に限定され、それゆえにその言動にたいして、つねに「具体的な事物や事柄」にコミットしている、との様相を帯びさせることができる。それはいわゆる実証科学の色合と同じなので、実際主義者の最高の友は専門科学者を自称する手合だ、ということになりもする。で、ナントカ学者の肩書を持つ連中が官邸の周りに蝟集《いしゅう》するということになるのであろう。

だが、この場合の具体性とは事象の「局所の側面」にかんする「短期の予測と対策」を述べているだけのことにとどまる。グローバル（大域的）という形容詞が氾濫してはいるが、その実際はというと、人間とその社会の時空をローカル（局所的）に切り取っているだけのことにすぎない。ローカルなものにグローバルの衣を被せるのは一種の詐欺だ。そうであればこそ、実際主義者たちの言説と行動は、人間の人生と社会の時代の全体にたいして混乱をもたらさずにはいないという顚末になっている。「実際」に臨む者たちがこの世の現実を破壊していくというのは、近代という歴史段階における大いなる皮肉といわざるをえない。

そんな破壊主義者と呼ばれて致し方ない者たちが繁殖しうるのはどうしてなのか。それは彼らがラショナリズム（合理主義）を標榜してみせるからだ。「レイショ」（比率）は、元々は、合理というよりも「事物の全体にかんする均衡のとれた捉え方」という意味であったはずなのだが、それゆえに「ボンサンス（良識）にもとづく合理」（R・デカルト）に相当の意味が籠もることになりもするのだが、十八世紀の啓蒙主義の時代あたりから（N・ド・）コンドルセーを先頭にして人間理性の「ペルフェクティビリテ」（完成可能性）が言挙《ことあ》げされ、それに応じて「事物の全体にかんする合理的説明」がいずれかには達成されるはずだと考えられはじめた。一世紀後に現れたF・ニーチェの指摘に倣えば「神は死んだ、人間が神を殺したのだ」、そして「人が神になろうとした」という次第である。

合理主義を受け入れてしまえば、実際主義者が実際にやっている「局所的にして短期的」な説明も、人間理性が完成する途上での大事な一歩だと自己肯定することができる。それは同時にヒューマニズム（人間性礼賛）を心おきなく受け入れることでもある。政治的な「翼」の左右を問わず、ファクト（事実）にかんするサイエンティシズム（科学主義つまり「何らかの前提にもとづいて実証可能な命題を論理的に導き、それを事実によって検証する」のを専らにするやり方）が振り回されるのはそのせいといってよい。

卑近な例を挙げてみよう。原発でいうと、「左」はそれを安全ではないと非難し、「右」はそれを安全にしうると主張する。いずれにしても「安全な技術などはこの世にあった例《ため》しがない」という大前提を、つまり合理主義の根本を疑っていないせいで、忘却もしくは無視しているのである。もう一つ、天皇制のことでいうと、「左」は女帝も女系もあったという事実判断を前提におこうとし、「右」は男帝・男系が一二五代に及んで続いたという事実判断から出発しようとする。両方とも「事実にかんする合理的説明」を重んじる点では共通している。

しかし「合理のための大前提は合理からはやってこない」、そして「事実なるものは（無前提に存在するのではなく）現象にかんする（包括的という意味で納得のいく）合理的説明の結果にすぎない」ということを両者とも看過している。「大前提」が何であるかを探究すれば、合理的には説明し切れないという意味で非合理とみなすしかないものを含む「感情」や「慣習」の大切さに気づくに違いない。そしてそのような感情・慣習の重みを知るには、レイショ（均衡）のとれたストーリー（物語）がなければならず、その物語がどこからやってくるかというとヒストリー（歴史）へのコムプリヘンション（「理解」つまり「様々なことを一緒《コム》に、予め《プリ》、把握《ヘンシヨン》すること」）からだ、ということになる。それをアンダースタンディング（理解）と言い換えても同じことで、それは「下方《アンダー》にある幅広い基礎、その上に立つ《スタンド》」ことだ。その意味で人間性の本質は（J・オルテガのいった）「物語的理性」にある。天皇論こそはその物語的理性がなければ解釈も納得もできない種類の問題なのである。そして歴史のほんの一齣を生きるにすぎない人間にあって、物語的理性が完成することはけっしてないのである。

そのように人間性を省察すれば、目前の現象にたいする「局所かつ短期」の説明にもとづいてほとんど条件反射的に反応することしか知らぬ実際主義はやはり軽薄にして短慮だとみなさざるをえない。人間性を礼賛してやまぬ現代において人間性の根本が見失われているのは奇観以外の何ものでもない。プラクティカリスト、彼のプラグマ（実践）はプラクティス（慣行）を足蹴《あしげ》にしているという点で、物語として面白くないし、「大域かつ長期」にわたる歴史から遠ざかること甚だしい。

仮解釈学試文

小説家・古井由吉氏に『仮往生伝試文』という作品がある。それが大いに納得できるものであるのは、筆者の場合、まずもって、その「試文」というスタイル（文体）における構え方についてである。筆者自身、自分のやってきたことのほとんどすべてが試文に属する、と自己了解してきた。

試文とは「エッセイ」のことであろう。我が国では、それを随筆とか小論とか呼んでいるが、その語源は「エグザミネーション」（試験）ということだ。もっと厳密にいえば、最終の解答が発見困難さらには到達不能とわきまえつつ、人間・社会とその人生・時代は何かという問題にみずからの精神をさらす「試練」の過程を叙述する文体、それがエッセイなのだと思われる。

自己の実存についていわゆる「悟り」（もしくは「信仰」）の境地に至ることも、おのれの仮説形成の最終目標としての「真理」に達することも、人々の社会の構造と機能を全面全層にわたって「説明」し尽くすことも、それを支えている基礎としての「歴史」を過不足なく「解釈」してみせることも、結局は不可能なのだ。その意味で、人間精神はイムパーフェクション（不完全性）を免れえない。ほかの言い方をすると、実存の深みに待っている「身体」も、実践を差し向ける「未来」も、技術を支える物質を宿す場所としての「自然」も、物語や歴史を宿すはずの「過去」も、究極には不可知なのである。

あえていってみれば、人間精神の作物《さくぶつ》は、「謎だらけの宏大な時空」のなかに浮かぶ創られては壊され、壊されては創られていく仮象にとどまる。そうと知りつつも、仮説形成、実践遂行、理論説明そして経験解釈のための試文を語ったり聞いたり書いたり読んだりしつづけるという作業を総称してエッセイと呼ぶのではないか。しかもその不完全なエッセイの連続は自己の死をもって（後世に継承される保証など何もないという意味で）頓挫すると確実に予期されるのである。

そうなのだと了解することのできぬ専門人が、政治家であれ経営者であれ文化人であれ、マスマン（この世の大量現象に眼を晦《くら》まされる「大量人」）の群れを誑かしつつ、政策や技術や意見のノーヴェルティ（新奇さ）をみせびらかして、イノヴェーション（革新）競争に狂奔している、それをよしとするのがモダン・エイジ（近代）の本性といってよい。
その本性の発揮と普及がほぼ絶頂に達してしまった時代、それが我々の共生するコンテムポラリー・エイジ（同時代性としての現代）なのではないか。おのれらの不完全性を自覚せぬ者たちの謳う「完全性への接近を装う嘘話」は、現代にかならずや過去の忘却をもたらし、それは未来の展望を危機に追い込む。それのみならず、人間の身体もそれを囲む自然も変化をこうむること不可避なのだ。それにつれ社会の秩序が瓦解し、個人の心理が不安神経症を呈する。その意味で、現代のモンド（世界）はほぼ全き危機に入りつつあるのである。それにもかかわらずモンディアリスム（世界主義）が、別名でいえばグローバリズム（地球を一律で統御せんとする広域主義）が、すでに引き返し困難な状況にまで普及してしまった。

世界の随所にモンスターじみた大統領や資本家や言論人が頭角をむくつけく現しているのは、そうした世界規模での危機の反映というほかない。彼らは世論を煽《あお》り、投機に現《うつつ》を抜かし、リアリティ（実在感）もアクチュアリティ（切迫感）もないオピニオン（「意見」つまり「根拠の不確かな臆説」）の発表に淫している。いや一九三〇年代とは様相をかなり異にして、彼らのポピュラリズム（人気主義）やマモニズム（拝金主義）やスペシャリズム（専門主義）が精神の病であることは、彼ら自身にあって、自覚されていないわけではない。一例でいえば、かつてK・マルクスが最大限に指弾したフェティシズム（物神崇拝）にもとづくグリード（貪欲）は、今や、「貪欲が罪であることを承知の上での貪欲への疾走」といった種類のものになっている。――かのリーマン・ショックの折、証券会社の親分たちが政界の指導者たちに「俺たちの貪欲が止まらない、どうにかしてくれ」と頼んでいたではないか――。

　筆者にはそれを難詰する気はないし、そんなことをやって社会に貢献するという立場にもない。イノヴェーションの枝葉が「鬱」（絡み合い）となり、つまり異様に繁茂しすぎ、そのせいで現代人の気分が鬱屈さらには鬱陶しくなり、それで身動きがとれなくなる結果、物質・技術の繁栄の頂点において人々が深いメランコリー（憂鬱）にとらわれている。それは第一次大戦中にO・シュペングラーのいった文明のウンターガング（没落）のまぎれもなき予兆にほかならない。さて、そこで、「ヤリキレンナア」ということのほかに筆者にいえることがあるとしたら、「行《や》り切れないことをやりつづけるのは、胆力をふりしぼって、もう止めにしたらいかがか」という提案を仮往生の気分でやりつづけるなかで、おのれの往生についての適宜の機会を俟つくらいのことだ。

7 「トランプ的国家保護」の本質

トランプ政権が突如として、とはいえ毒ガス禁止の国際条約（ジュネーブ議定書）を根拠にして――その根拠の真偽は別としても――ロシアの支援するシリア・アサド政権にたいし、ミサイル攻撃というかたちで軍事的制裁を科した。それに続いて北朝鮮の核武装強化にたいしアメリカ太平洋軍が軍事的制裁を科そうと準備している。その際の名目は、北朝鮮がNPT（核不拡散条約）から脱退している以上、法的には存在しない。しかし侵略的な性格をむくつけく示している国家の核武装は国際社会の存立そのものにたいする脅威であるといういわば国際政治の道徳的判断を採用することは可能であり、その意味では対朝攻撃もまた制裁の一種だといってよいであろう。

こうしたアメリカの軍略の推移をみて、トランプ政権の掲げた孤立主義はいったいどこにいったのだ、と首かしげる者が少なくない。だが、トランプが主張したのは「アメリカ・ファースト」ということにすぎないのであるから、それが直ちにアメリカの国際社会にたいする覇権的態度を放棄することを意味しはしない。どだいアイソレーショニズム（孤立主義）が現代において成り立つわけもなく、トランプがいったのはただこれまでのように「アメリカが世界の警察として働く」という役割に執着するのを止めようということだけであったのだ。

いうまでもないことだが、トランプ政権が国際政治と国内政治にかんし、統一的なプリンシプル（原理原則）をもって行動しているとはとても考えられない。この政権は、今後とも、いわばアダプティヴィズム（状況適応主義）にもとづいていきあたりばったりの外交と内政を展開するのは目にみえている。しかしみずからの原則を明確に意識しないがゆえにかえってこの政権はアメリカ政治の本質を素朴に露呈する、とみることもできる。今のうちにトランプ政治のナイーヴ（素朴）もしくはプリミティヴ（原始）な基本性格を明確に把握しておくことが必要だと思われる。特に我が国が対米依存のほかに何の原則ももたずに国際社会に乗り出していることを考えると、トランプ政権の（基本的というよりも）野性的な姿を見きわめておく必要があると思われてならない。

アメリカが覇権主義を維持する理由

筆者が何度繰り返しくりかえし強調しても誰も耳傾けてくれないので、当方も「国家とは何か」について倦むことなく確認しておきたいことがある。第一に国家とは「国民とその政府」のことを指す、つまり「国の府としての国の家」が国家にほかならない、ということだ。そして二つに国家はつねにその外面においてはインターナショナル（国際的）であり、内面的にはインターリージョナル（域際的）さらにはインターパーソナル（人際的）なものだということである。

国家の国際的性格を統御する作業のほとんどすべては政府によって遂行される。戦争や軍事的制裁のことを含めて外交を担うのは政府の仕事だということである。その活動によって獲得されるものをヘゲモニー（覇権）と呼ぶのならば、覇権的性格を有しないような国家などはこの世に存在しない。通常に覇権「主義」と呼ばれているのはその覇権要求が攻撃的な性格をもつ場合を指してのことにすぎないのだ。

ここでいいたいのは、トランプ政権にはアメリカの国際社会における覇権を手放す気など毛頭ありはしないし、それを手放してしまえば国内政治もまた瓦解《がかい》するに違いないということである。シリアや北朝鮮にたいする制裁行動も、ロシアや中国にたいする牽制行動もトランプ政権は止めはしないであろう。ただしそのやり方はこれまでとは一脈も二脈も異なって覇権の現状維持という一線を守るに違いない。その意味で世界警察の立場から降りる、ということにとどまるのである。

そうした覇権維持は国内政治をうまく切り盛りするにも必須の作業である。というのもトランプ政権は今、法人税の大幅減税と公共事業費の大幅増大を旗幟《きし》にして国内経済を活性化させようとしているからだ。ついでに付け加えれば移民制限によってアメリカ国民の雇用を増大させようともしている。そこで生じる疑問はどこに財源を求めるのかということである。単純論理からいってその財源は国債発行に求めざるをえないのだが、それは貨幣利子率の上昇をもたらし、それに伴って研究開発や生産設備への投資が抑制されることになる。そうかといって、貨幣利子率の上昇を抑制するために貨幣供給を増大させればインフレーションの危険が高まることになる。

このジレンマを乗り切るにはどうすればいいか。単純化していえば戦争景気を煽ることにより国内需要を喚起するという道に入らざるをえなくなる。もちろんその戦争景気が過熱化すれば軍事費の飛躍的増大となり、財政破綻がやってくるのは目にみえている。だから、その戦争景気が続くのは主として武器の在庫を費消し尽くすところで終わるであろう。アメリカの覇権行動が限定されたものにならざるをえない物質的根拠はそこにある。もっと注意深くいっておくと武器の性能を高めることによって軍事費の過剰な増大を抑える、というのも大いにありうる選択肢だ。事実、オバマ政権においてすでに核兵器をはじめとする大量破壊兵器の性能強化のための軍事支出は三〇%ばかり上昇しているというではないか。まとめていえば世界政治への覇権維持をいかに効率的に遂行するか、それがいわれるところのトランプ孤立主義の正体だとみなければならない。

こうした抑制的覇権主義が進むのはアメリカに特有のことではないであろう。中国やロシアをはじめとしてイギリスやフランスやドイツのヨーロッパ先進諸国が軍事にもとづく外交をきわめて慎重に推し進めるに違いない。その意味で世界はマルチポーラー（多極）の時代に入っている。そのことに日本政府はどこまで自覚的なのであろうか。朝鮮半島有事の際は、在日駐留米軍があるからには当然のこととして日本にその強烈な余波が及ぶこと必定というのに、我が国の世論は森友問題や豊洲問題や浅田真央引退問題で沸き立っている。多極化の国際社会にあって日本が核武装に踏み切るべきかどうか、軍事費の倍増・三倍増に乗り出すべきかどうか、国民の国防意識のことも考えて徴兵制を敷くべきかどうか、そんな議論は一ミリもみられない。まるで世界政治から隔離された黄金の国ジパング、それがニッポンだと思い込むことにして、世界政治を他人事《よそごと》とみているのである。

そうなってしまっているのは、無論、対米追従に徹しておればこの列島は何とか生き延びられるであろうというプラクティカリズム（実際主義）の態度が現代日本人に骨がらみにとりついてしまったことの帰結なのであろう。だが忘れてならないのは、トランプ政権は一方で「日本は自前で国防せよ」といい、他方で「日米は一〇〇%の軍事同盟の関係にある」という相矛盾したことをいって憚らぬという点である。アメリカが対日外交においてかくも首尾一貫せぬことをいい募って恬《てん》として恥じていぬからには、対米追随の態度を一貫させることとそれ自体がすでに困難に立ち至っているとみなければならない。たとえ十年、二十年かかろうとも少なくとも先進諸外国と同程度には国家の外交的なインディペンデンス（独立、「依存せぬ状態《ディペンデンス・イン》」）を探るのでなければ、かつて中国のある首脳がいってのけたように「何十年か後には日本は消滅している」ということもあながちディストピア（悪夢のような悲惨）とはいえないのではないか。文学的な比喩を使えば「人間は一度死んでみせなければ生き延びられない」（小林秀雄）あるいは「身を捨ててこそ浮かぶ瀬もあれ」という臨界状態が日本国家の外面としての国際関係にあって刻一刻と近づいているといわなければならない。

日本が対米追随から逃れられない理由

日本が対米追随のほかに外交方針をもてないのは、それが敗戦属国従僕民族の七十年余に及んで変わらぬ風習となってしまったからだといってすませられないわけではない。しかしより仔細にみれば、そんな属国根性が定着したについては戦後日本人の歴史観や文明観といった文化の問題が深くかかわっているように思われる。

現代文明は、アメリカがその見本を示しているようにテクノ・マネー・マニアックな色調によって塗りつぶされつつある。国民の価値観を政治的に表現したりその価値尺度を文化的に維持したりその成果を歴史的に蓄積したりすることをなおざりにして、ただひたすらに技術的なシステムを普及させ、そこでマネーをできるだけ効率的に流通させることのみに専念するという生き方がアメリカニズムにほかならない。そして戦後日本はオーバーアメリカナイゼーション（アメリカをアメリカ流に乗り越える）の生き方にのめり込んできたのである。かつてカール・マルクスはそういう生き方を指してマネーフェティシズム（貨幣を物神として崇める）と呼んだのだが、現代日本人にあっては、それは物神崇拝の域をすでに超えて単に日常的な生活習慣になりおおせている。つまり無自覚のフェティシズム、それが現代日本人の生き方となりつつあるわけだ。

その結果としてこれもマルクスが予言したことだが、「人間の商品化がその極限にまで近づいている」。しかしながらこれはマルクスがいったような「資本家の悪行」の結果なのではなく、日本のほとんどすべてが「人間の商品化」という文明の流れに進んで身を投じていることとの結果なのである。

簡単にコモディティティ（商品）と呼ぶがそれは単にマーケッタブル・グッズ（市場化可能財）のことにとどまらない。商品化ということの文化的意味合いを尋ねなければならないのである。それを考える際の一つのヒントとして紀元二〇〇年近くに登場したローマ皇帝（というよりも狂帝）コモドゥスのことを思い起こすべきだ。コモドゥスとはコモン（共通）

のモード（様式）のことを指す。つまりコモディティとは人々の物質生活における共通様式のことに狂奔する狂気のことを指すわけだ。

問題はその共通性が現在の瞬間における世間の流行にもとづくのか、それとも過去・現在・未来にわたる世代を通じる共通性なのかという点である。後者ならばコモディティとは慣習の産物であり、そこに国民の伝統精神が内在しているとみることができる。そうであればこそコモディティには必需品という意味もある。具体例でいえば米・味噌・醬油は日本の歴史を通じて必需の商品だということである。

今現在における人間の商品化におけるコモディティは人間が市場の流行にみずからの精神を適合させていくという所業以外の何物でもない。そこにあっては過去は忘却され、未来への展望はウルトラテクノロジズムともいうべきSFの世界に吸い込まれている。それに応じて人々の家庭や地域社会といった共同体における生活が解体させられ流動化させられ浮遊する顚末となっている。テクノ・マネー・マニアックは資本家や経営者の策謀によってもたらされたというよりも、人々が自発的にコミュニティを打ち壊し自分らの生活を市場財費消の場と化してしまっているからではないのか。

日暮れて道遠しとはいえ、共通の歴史的な「様式」を取り戻すべく人々が自分らのコミュニティにあってコモディティを取り戻すということ以外に、こうした狂気じみた技術貨幣文明から逃れることはできない。経済成長について論じてもよいし、国防強化について喋々してもよいが、その前に真の豊かさや真の強さがやってくるのは人々の暮らし方におけるインテグリティ（総合性と一貫性と誠実性）を取り戻すことなのだと思われてならない。技術貨幣的文明の示すクォンティティファイアビリティ（計量化可能性）に惑わされてはならないのだ。今真に問われているのは文明の定量的な表層ではなくクォリタティヴ（定性的）な深層なのだと思われる。そのことをほぼ完全に見失っている国の最たるもの、それが現代日本だとみえる。その意味で最も深刻な危機に直面しているのはこの黄金の列島ジパングと見定めて大きくは間違わないであろう。

8　近代化と大衆化が列島人を劣等にした

今さら近代主義批判でも大衆社会批判でもあるまいに、と嗤《わら》う者も多いであろう。しかし、典型的には江戸期にあって結局のところ「殿に忠に、親に孝に」という単純きわまる礼学にまで縮退した朱子学が生き続け、それに反抗して起こった伊藤仁斎の古義学（孔子の古典への再解釈）も中江藤樹《とうじゅ》や熊澤蕃山の陽明学（知行合一《ちぎょうごういつ》の行動哲学）も荻生徂徠《おぎゅうそらい》の古文辞学（中庸の哲学による合理的政治）も賀茂真淵《かものまぶち》や本居宣長の国学（日本人の感情や情念の原基を探る学）も山崎闇斎《あんさい》や平田篤胤《あつたね》の神道論（日本人のスピリットの起源を探るやり方）も石田梅岩《ばいがん》の心学（町人の勤労哲学）もすべて異端として扱い、朱子学に立脚したままでいた江戸幕府が倒れたのと同じように、明治維新後の近代日本も近代主義と大衆主義が絶頂に達した今、その断崖絶壁に佇立《ちょりつ》して近未来への不安に戦《おのの》いているようにみえてならない。始末すべきは維新後百五十年の日本列島における紋切型の学と化してしまった近代主義と大衆主義なのではないか。

近代化とは「模流化」のこと

モダン・エイジを近代と訳したのは誰であったか、福澤諭吉であったか西周であったか。私の記憶には定かではない。いずれにせよ対米戦争が勃発した半年後に、かの有名な「近代の超克」という討論会が行われたことからも分かるように、維新後の近代という時代にたいする信仰と懐疑が長きにわたって綾なされていたことは確かである。

だが、この討論会を読んで愕然とするのは近代なるものにたいする明確な理解が何一つ示されていないということにほかならない。論点が多岐に流れっ放しであるのみならず、思いつきの発言が多く、そして何よりも西欧思想の山脈の尾根となっているのがE・バークからA・ド・トックヴィルやF・ニーチェを経てM・ハイデッガーやK・ヤスパースに至るまで、モダニズム（近代主義）への深刻な批判として展開されてきたことが見据えられていないということである。

これはJ・オルテガが最初に指摘したことのはずだが、モダンはモデル（模型）と同根の言葉である。ついでに付け加えれば、それはモード（様式、流行）ともほぼ同義である。つまり物事をすべて模型化し、それを社会の流行となすのが近代という時代の特性なのである。それゆえここでは、近代を「模流時代」と呼び替えることにする。

どうして模流時代などというヘンテコな時代がかくも長きに及んだのか。その答えは簡単で、模流を生み出しているのは、ラショナリズム（合理主義）にほかならないからである。理に合わないことを排するのはまことにもって人間にとり当然の選択だ、ということになるほかないのである。

だが、西欧では合理のプレミス（前提）は合理からはやってこないという根本的な指摘が当初からなされていた。R・デカルトのいったボンサンス（良識）とは何のことか、J-J・ルソーのいった一般意思とは何のことか、バークのいったプレスクリプション（時効としての予規定）とは何のことか、トックヴィルのいったマス（大量人）とは何のことか、ニーチェのいったユーバメンシュ（超人）とは何のことか、E・フッサールのいった本質直観とか相互主観性とは何のことか、ハイデッガーのいったツァイティグング（時間性）とは何のことか、ヤスパースのいった良心とは何のことか、そうした問いこそが合理の前提を質《ただ》さんとする企てなのであった。だが近代日本は、西洋文物の輸入商としては致し方のない成り行きではあったのだが、こうした合理主義への教理問答を経ずにその成果だけを受容してきたのであった。そしてそのことに疑問が生じるや、和魂洋才（佐久間象山）という決まり文句を持ち出され、大和魂とやらが不変のままに保持されているという自己満悦で近代化の矛盾をやり過ごそうとしてきた。

ラシオ（理性）とは、元来、「釣り合い」のことを指す。いささか言葉遊びにすぎるようだが、合理をもってユニヴァーサル（普遍的）とみなしたとしても、ユニヴァースとは元々は一回転《ユニヴァース》のことである。これは、たぶん、朝の後に昼が、夜の後に朝が再びやってくるという宇宙の動きからきた意味合いであろう。だが私はそこにもっと深い意味を見出したい。つまり普遍性といわれている自体そのもののなかに、ある種の論理の釣り合いが見出されているということである。たとえば「自由」なるものを人間の普遍的欲求とみなすとしても、それが「秩序」から離れてしまうと、単なる放埒に舞い上がり、そして放埒から逃れるためには秩序を回復しなければならないのだが、その秩序を追い続けていると必ずや抑圧に至り、そして再び自由の欲求が頭をもたげる、といったふうに観念が一回転しているとみざるをえない。このことを踏まえれば人間にとって真に普遍的なのは、自由という理想と秩序という現実のあいだの平衡だとみざるをえず、そしてその平衡の感覚こそが良識であり予規定であり、（トックヴィルのいった）繊細の精神であり、超人の立場であり人間の良心であり、本質の直観であり時間の成熟だということになる。

だが、その平衡はあくまで抽象の次元において定位されるものにすぎず、それをいささかでも具体の次元におこうとすると人間の生が直面するシチュエーション（状況）への判断と決断を引き受けざるをえなくなる。そのようにしてC・S・パースのプラグマティシズムやハイデッガーやK・ヤスパースのエクジステンシャリズム（実存主義）が生まれざるをえなかったのである。

こうした合理にかんするカテキズム（教理問答）が「近代の超克」ではほとんどいささかも行われていない。そうであればこそ大東亜戦争終了の半年後に知識人たちの反省会が行われ、「日本における近代化の不足」などといったことがまことしやかに指摘されたのであった。それを聞いて小林秀雄は「利口な奴はたんと反省しやがれ、俺は馬鹿だから反省なんかしない」と居直るほかなかったのである。それからの戦後七十余年間、我が日本はアメリカナイゼーションという形でのウルトラ・モダナイゼーションの道をひたすらに疾走してきた。それへの反発が時たまにあったとしても、それは「合理化による勤労者の首切りには反対」といった程度の日常話にとどまったのである。遅きに失するとはいえ、近代化とは何ぞやといえば、「模型の流行」という俗悪化をあらかじめ約束されている、ジットリヒカイト（慣習性としての人倫）を失っていく時代の動きであったとみてさしつかえない。

大衆化とは俗悪化のこと

オルテガの『ザ・リヴォルト・オヴ・ザ・マッシズ（大衆の反逆）』の最初の訳者が誰であったかは失念したが、ともかくその訳者序文に「良き大衆が悪しき権力者に反逆する」といったことに触れた書物だといった意味合いのことが書かれていて、私は驚愕するのほかなかった。なぜといってその書は「この世を統治する能力を持つはずのないマスが、〝みずからの限界に反逆して〟この世のあらゆる部署の権力に自分らの代理人を送り込み、そして社会が当然ながら統治力を失うに至るや、この世に有能な人材はいないのかと歎いてみせる」といった内容の書物だからである。そういうオルテガおよびマス・ソサイアティへの誤解が生じたのは、マスを大衆と訳したからではないのか。その語は、元々、「砂粒や麦粒のようにバラバラの個人が大量に集まって群れをなし、時代の風潮が変わるや否や一朝一夕にしてその姿形を変える」ような連中のことを指す。ついでに確認しておくと、古代帝政期ローマの後半はまさにそうした意味でのマス化現象を呈したのであり、そしてトックヴィルが「アメリカは近代最初のマス・ソサイアティである」といったのもその線に沿ってのことであった。

ところが、日本語での大衆はどちらかといえば一般庶民といった意味に近い。そうであればこそ一九六〇年代の初め松下圭一がマスという言葉をも肯定的な意味合いで用いたのである。つまり前衛党に組織された運動ではなく、一般市民の自発的な運動の高まりをマス化と称し、かの安保闘争の中にそのよい意味でのマス化をみんとしたのであった。そんな次第であるから、戦後日本では古代ローマがまるで再現されたかのように「ヴォクス・ポプリ、ヴォクス・デイ（民の声は神の声）」とみなされ、その果てに（平成時代に入ってから）「市場の声を聞け、市場に政府は口を出すな」といった方向での構造改革なるものが音立てて進行したのであった。つまり「パンとサーカス」の時代がやってきたわけだ。

これは日本にのみみられた現象ではない。グローブ（地球）の全体がグローバリズム（世界画一主義）の方向に進み、そして今そのグローバリズムが随所で蹉跌《さてつ》し、ナショナリズム再興の動きが始まらんとしている。これを総称すれば、マスが世界を破壊し、その果てでハイマートロス（故郷喪失者）となったマスが自分らのもうすでにない故郷に戻らんとして虚しく彷徨《さまよ》っているといった風景である。

マスは素直に「大量人」とでも訳されるべき言葉であったし、それを「模流人」と呼び替えても何らさしつかえない。なぜといって、模型の流行は常に大量現象となって現れるからである。ここでは詳しくは論じないが、どうしてそういう現象が起こるかというと、模型が常にニューネス（新奇性）を帯びているからである。言い換えると模流現象は常にイノヴェーション（革新）となって進行する。そこで失われるものは故郷といってもいいし慣習といってもよいし共同体と呼んでもよいし、ともかく過去の経験でありその経験に貯蔵されているはずの歴史の英知である。つまり合理の前提を問うことなしに合理によって可能となる新しきものが、正しくはマスの好奇心を刺激する革新が、休みなく選ばれていくということである。つまり「新奇性と流通性」、まとめていうとヴァルガリティ（俗悪性）の高いイノヴェーションがグローブを覆うことになる。

これは、一言でいうと、日本人がジャパニーズに変貌していく過程であったといってよいであろう。元々の日本人は、ハイブリッド・カルチャー（雑種文化）の特性として、コンプリヘンシヴ（包括的）な精神の構えを持っていたはずである。むろんその包括性は一方で寛容な包容力となって現れるが、他方で物事を解釈するに当たってのプリンシプル（原理原則）を見失いがちだという傾きに入りもする。様々に異なった原則を互いにつなげることを可能にするより深い原理に達するには、深い思索と熱心な議論がなければならない。だが、明治維新後の近代化と大衆化はそうした思索と討論を、デモクラシーの進展につれ、ほぼ絶滅させてしまった。その結果が高度情報もしくは高度技術といった無国籍の文明にほかならない。

私はAI（人工知能）にかんする書物を一冊も読んだことがない。だが気になるのはそこでのIがインテリジェンスだということである。インテリジェンスは、インフォメーションと同じく、「形式化と数量化」が可能な、まとめていえば計量化可能な情報のことではないのか。それならばスーパーコンピューターなるもので未来を予測することができるのであろう。問われるべきは人間の経験力や直感力が、いわんやそれらが不断の変化を被っているという時間の経緯の中で、果たして計量化できるかということである。

思い返せば私の最初の職種はある大学における計量経済学という講座の助教授であった。だがそのときすでに計量経済学なるものを根本から疑いはじめていた私は「計量経済学の嘘を暴く」といった類の講義をして、少しの学生から面白がられてはいたものの、多くの学生から嫌われていた。それもそのはず、こんなことを学んでも役に立たないという種類の講義がよき就職の場を求めたがっている学生から人気を得るはずもないのであった。その経験を踏まえて今再び思う。この高度情報技術社会の未来には絶望するしかないといった私の文章が読者から好かれるはずもないのである。で、オルテガの応援を得たく「未来に絶望する者が増えるのだけが大衆社会の希望である」といっておきたい。そして「宗教は阿片である」(F・フォイエルバッハ)との唯物論は、(あらゆる現象を技術的情報によって「モノ」にしてしまうものとしての)模流を宗教心めいた精神の糧《かて》となして生きている現代人にこそ適用さるべきだ、ということも確認しておきたい。

9 なぜ「言論は虚しい」のか

福田恆存は、その最晩年において、雑誌「新潮45」と「諸君!」とにおいてであったと記憶しているが、「言論は虚しい」と繰り返し述懐している。ただ、その説明にあって、「周囲の者たちがあなたの意見を受け入れることが多くなっているといってくれるが、そんなのは時代が変わったせいで、自分の言論が理解されたからではない」と突き放している。その限りでいえば、福田が「虚しい」といっているのは、自分の言論の世論に与える効果があまりに乏しいことを指していることになる。

そういうことなら、私としては、言論のロジックとレトリックとをしっかりと受け止めてくれるような読者が少ないのは古今東西に普遍的のことであって、したがって言論が虚しいのは当たり前のことではないかとひとまず反論したくなる。いや、歴史を通じて残る言論があるとすれば、正確なロジックと上出来のレトリックをつらぬいた文章に限られるであろうから、言論人は自分が生きているあいだだけの効果の小か大かで言論の虚実を判断してはならないのである。だから自分の生涯についてならば言論は虚しいことを承知の上で、言論に取りかかるのが当然と私は思う。

しかし、福田氏の生涯を眺めていえば、彼のいいたかったのはもっと深い意味での言論についての絶望だったのではないだろうか。つまり、彼の言説の神髄は「汝自らを知れ」（デルフォイの神託）ということのはずだからである。彼のいうクリティーク（批評）とは、ソクラテスのいわゆる「ナレッジ・オヴ・イグノランス」（無知の知）に焦点が当てられていた。福田が「言論は虚しい」といったのは「おのれの知ることがいかに少ないかを知る」者が、昔も今も極度に少なく、それゆえ自分の言説が歴史的に残るなどということも期待できない、ということだったのではないだろうか。

いわんや、彼の論争相手はいわゆる進歩的文化人たちであった。彼らは「変化に進歩を見出す」性癖があるにもかかわらず、「文化が慣習の体系である」ことにすら気づかない手合だったのだ。そんな連中とまともな議論が成り立つわけもなく、その意味でなら、私もまたおのれの言論を閉じる今現在にあって福田と同じく「言論は虚しい」と認めるのほかはない。しかしその前に「無知の知」を知ることがなにゆえに難しいのかを明らかにしておくのが言論の作法というものであろう。

「自己言及の逆理」にいかに切り込むか

科学ならばいざ知らず人間・社会にかんする解釈においてはロジックとレトリックが分かち難く結びついているのみならず、その両方に「自己言及の逆理」が含まれていることが多い。一つのわかりやすい例として、小林秀雄の敗戦直後における有名な科白を取り上げてみよう。小林いわく「自分は歴史の運命は重いものだと考えている。自分は馬鹿だから大東亜戦争への敗北について反省なんかやりたくない。利口な者たちはたんと反省するが良かろう」。この文章は逆説だらけだといってよい。「歴史の運命の重さを知っている」のは自分が利口であることの宣明のはずである。それなのに彼は「自分は馬鹿だ」といってのける。だが、自分が馬鹿だと知っているということは、自分が利口であることの宣言でもある。それなのに利口な奴は反省せよという。

つまり彼がいいたいのは、あの戦争について「すぐさままるごと反省する奴らなんかは馬鹿に決まっている」といいたいのである。利口とか馬鹿といった単純な言葉すらがかくも複雑な論理の中におかれるのであってみれば、言論においてはそう簡単に「おのれみずからを知る」というわけにはいかなくなるのである。

もう一つわかりやすい例文を持ち出してみよう。小林は、中原中也の恋人、長谷川泰子との別れに際して、「人は生き延びるためには一度死んでみせなければならない」といってみせた。この「死ぬ覚悟で生きよ」という文を単純論理で捉えれば、「生きるために死ぬ」という訳のわからないことになってしまう。福田にあっても、今具体例は思いつかないが、言葉のドラマトゥルギーを重んじた劇作家として当然のことながら、かかる逆説に満ちた文が随所に見出されるはずである。そうした逆説をしっかりと心に刻む読者は、いたとしてもごく少数であるに違いない。それらいわゆる「自己言及の逆理」は、エピメニデスの「あるクレタ人が『クレタ人はみんな嘘つきである』といった」という文章に孕まれる論理的には解き難い逆説から始まっている。だから古代ギリシャ以来、「言論は虚しい」ということになる。

しかしこれらの逆理は論理的にのみみれば解決不可能であるものの、人間関係における「コンタクト」（接触）と、その文の書かれた「コンテクスト」（脈絡）のことを考慮に入れれば、簡単に解ける種類のものにすぎない。つまり「大東亜戦争はフェイト（不条理としかいいようのない国内外の社会力学が働くことによる避けがたい成り行き）であったと知れ」、「死ぬ気になるほどの覚悟を決めなければ生き延びられない生の局面もある」、「母国クレタに愛想を尽かした亡命クレタ人にとっては、母国は嫌悪の対象にすぎない」といったようなことは、それらの文章の発せられている人々のあいだの「接触と脈絡」のことを考慮に入れれば、ごく納得のいく種類のものにすぎない。なお、メッセージ（伝達文）の深層にコンタクトがあり、コード（暗号解読法）の基礎にコンテクストがある、と最初に指摘したのは（私の知見では）R・ヤコブソンである。

そうしたパラドックス（逆説）に鋭く切り込むのは一般に文学的センスと呼ばれている。と同時にその文にかかわる接触関係や文脈配置のことを解釈するのは歴史的コモンセンスだといってよいであろう。優れた言論人の文章には文学的センスと歴史的コモンセンスとの両方が巧みに織り込まれているはずなのである。それをしっかりと受け止めることのできる表現者や読書人があまりにも少ないということを指して福田は「言論は虚しい」といったのだと考えられる。

唐突なようだが、ここでJ・M・ケインズのいった「英国人のプロゼイック・サウンドネス」（散文的健全性）のことに言及しなければなるまい。――自慢話めいて恐縮だが、私は福田恆存論を書くに当たって、英国文学者福田の文章をつらぬいている散文的健全性のことを指摘したら、福田が（電話を寄越してくれて）「このことを指摘してくれたのは君が初めてだ」と喜んでくれたことがある――。

ここでプロゼイックという言葉はいくぶん複雑であって、散文的というのは、一つに詩的な想像力や飛躍力を抑制して（あるいは陰伏《いんぷく》させて）、むしろ退屈に聞こえるのを厭わぬ文体である。二つに、それは専門的かつ抽象的な学術語を剝き出しに使うことを避けて、できるだけ日常語の範囲内で文章を綴るやり方である。どうしてそれが「健全性」を保ちうるかというと、読者の心における日常感覚と繫がることができるおかげで、読み終わったときに何かしら深い納得が読者の気持ちに堆積するからにほかならない。その意味でなら、あえて小林と福田の比較をやってみれば、福田のほうに散文的健全性が強いということができ、私自身は福田のがわに自分を列しさせようと心ひそかに考えていたものである。

ただし私の場合、様々な社会科学・人文文化といわれている方面の知識にたいしてパースペクティヴ（展望）を持ちたいとも考えてきたので、是非もなく、みずからの健全性を保つにはレトリックを抑え加減にし、ロジックを強める方向をあえてとってきたし、また様々な学術語にたいする批評も積み重ねなければならなかった。で、これまた是非もなく、学術語にたいする解釈学を退屈至極とわきまえつつも繰り広げなければならなかったのである。その結果はといえば、読者の数を（言論人も含めて）ますます減少させるということにしかなりようがなかった。それを承知で七十八・五歳までものを書くことを止めなかったのだから、私の退屈に堪える力はたぶん異常の域に入っているのかと考えられる。

エッセイとは試験文

知識について総合的なパースペクティヴを得るのはそう簡単ではない。というのも、様々な知識が専門化されており、その専門に応じて様々に特殊な大前提のおき方や論理展開の訓練法をディシプリン（訓練規則としての学説）として確立させているからである。それを壊すにはそれなりの大きな思想や哲学がなければならない。だが、たとえば唯物史観のようないわゆるグランドセオリー（大仰理論）が無効であるのはすでに証明済みだ。というのも近現代社会は、そんな大仰理論によって説明し切るのは不可能なほどに、機能分化を起こしているからである。

たとえばT・パーソンズはAGIL（適応・目標形成達成・統合・潜在的価値維持）のグランドセオリーを提出した。しかし、潜在的価値がなんであるかを探る実存的な営為がそれには欠けていたし、目標形成における個人の自発性・創造性への検討もほとんど皆無であった。マスソサイアティに適応することの無意義についての検討もなかったし、葛藤の統合が伝統にもとづくことの理解も示されていなかった。またC・レヴィ＝ストロースの（未開社会にかんする）言語学的な構造主義も、文明社会における新たな意味・価値の創造について益するところはほとんどなかった。

要するに紀元二〇〇〇年前後に生じたといわれている哲学上のリングィスティック・ターン（言語論的展開）を現代社会の総合的解釈に適応する企てはあまり彫琢されてこなかったのだ。それどころか、いわゆるポストモダニズムによって言語表現上の「差異化」なるものが喧伝され、それは、多様な差異化のあいだの選択基準について無関心であったため、たちどころに産業社会の「イノヴェーションのコマーシャリズム」の餌食《えじき》となってしまったのである。

自分のことはくどくどいいたくないので簡単にすます。私は、第一に、開かれた意味論的な構造を下敷にして現代社会の構造変化について概括的な展望を持ちつつ、第二に、目前の問題や状況に応じて、その解釈にできるだけ総合的な知見を盛り込みつつ、第三に、文体としてはエッセイを採用するよう努めてきた。

ここでエッセイというのはその語源的な意味合いに応じてエグザミネーション（試験文）ということである。それは小論や随筆という世間に通用している意味合いの言葉ではない。既存の諸学説に大いなる限界があることを明らかにしながらおのれの思想をも再吟味する、という意味での試験文なのである。その線にそって私は一つにおのれの心理の実存的な根拠を掘り下げ、二つに未来への実践的なプロジェクト（企画）について試案を提起し、三つに自分が生きているマスソサイアティのとめどなき頽落《たいらく》の模様を描出し、四つに数ある差異化の中でどれを選択するかをめぐっての規準についていては「慣習に内蔵されているはずの伝統」という名の平衡感覚を頼りにする、という作業を続けてきた。こうした多面的な関心はいきおいエッセイ（試験文）の文体をとらざるをえなかったのである。私はその意味でエッセイストであり、多方面への関心事を表現において「まとめる」ための文体を欲するという意味でファシスタである。それ以外になりようのない人間であったわけだ。

私は思い出す、昔ケインジアンたちの経済学的文献に目を通していたとき、その多くにアン・エッセイ・オンとかエッセイズ・オンとかいう形容が付されていたことを。察するに経済動学などという（不確実極まる未来への洞察という意味で）怪し気な分野については、試験文という自己限定を付さざるをえなかったのであろう。「確実なことはほとんどない」という状況にあって、なおも文章を綴るには、自分のいっていることは試験文にすぎないという謙虚な姿勢を彼ら（不粋な）経済学者すらが守っていたということである。私が嫌悪するのは得手勝手な前提に立って放恣放埒な仮定を付け加えつつ何らか断定的な結論を導き出して、悦に入っている専門人どもである。彼らは総合的な知識をアマチュアおよびディレッタントの所業とみなして軽んじている。その意味で彼ら専門人は自己の狭隘《きょうあい》な知識に自己満足を覚えているという点で、いわゆるマスマン（単純模型の大量流行に淫する人）の見本にすぎない。そして彼らがマスとなるのは、メッセージ（伝達文）とコード（暗号解読法）をのみ重視して、言語活動における「接触と脈絡」を失ったからだ。それを取り戻せと訴えてきたエッセイストにしてファシスタたる私の人生は、彼ら厖大な数のマスマンたちとの勝算のまったくない喧嘩に明け暮れてきた。そんな喧嘩は、当初から成果の不毛なることは見込み済みである。その意味で「言論は虚しい」というのは私の生の大々前提であったのである。

私は自分の文章が歴史的に残るなどとまったく期待していない。そんな期待をするのはマスソサイアティの空恐ろしさを知らぬ者の言種である。マスは現在の一瞬あるいはごく短期の近未来にしか関心を持たぬまま生き延びて、気が付いたら死んでいる人々のことを指す。彼らが言葉およびその文体と「接触と脈絡」に一顧だにしないのは、「言葉は必ず過去からやってくる、言葉の意は他者たちとの討論で鍛えられる、言葉の意味の規準は伝統によって示唆される」ということを知ろうともしないし知りたくもないからである。その意味で彼らはおのれの人格にインテグリティ（総合性・一貫性・誠実性）を与えようなどとは考えていないし、自分を取り囲む状況にたいしてコンプリヘンシヴ（包括的）なコンプリヘンション（様々な要素をあらかじめ把握すること）を持って時代に物語を与えようとは毫も考えていない。その都度の状況に、単純模型の大量流行としての世論に靡《なび》きつつ、瞬時の適応を専らにしているにすぎない。

そういう人々を相手にやってきた私の言論「戦」は、正しくは戦さなんかではなかったのだ。それは、たとえ解釈力や予見力を発揮していたとしても、言論では単なるエクスクレッセンス（異常突起物）に、つまり疣《いぼ》とか瘤《こぶ》のようなものと扱われるのだ。せめてそのことの自覚を表明しておくのでなければ私の矜持が保たれない。つまり、「ファッスン・マイ・シートベルト」と心に呟いてファシスモの気分でいた私は、「高度大衆社会のただ中で無効無益の意地を張って、そして消えていく存在」にすぎなかった。

これは悲観の科白ではなく、こんな男のこんな人生はこんなものにすぎなくなるのが今の社会の通り相場である、と明るく諦観しているにすぎない。私の文章に丁寧にお付き合い下さった読者がいるとすれば、それらの方々にも励ましの言葉を与えたい。「こんな世の中ではあるが、人間に食されたり踏まれたりする動植物ではなく、人間として生まれただけでも、生まれないのと比べたら、少々は仕合わせであった」と考えたら、自分がロジックとレトリックに精出したことに少しは納得がいくのではないか。ハッピー（偶発事としての幸せ）とはいかぬまでもウェルビーイング（生の辻褄が合っている点で仕合わせ）といってよいのではないか。一人で生まれ独りで死ぬのが人間だと自覚する者は、その仕合わせの感覚を持てるだけで死ぬ甲斐があるとせねばなるまい。

幸せとは別物としての仕合わせとは、元来、おのれの人格においてインテグリティを形成し保持することであろう。つまり人格上の総合性と一貫性と誠実性とを自分で納得し周囲に納得させるだけの死に方に達するということにほかならない。だが、そういうものとしてのインテグリティを欲する著者も読者もこの大衆社会では単なるアンティーク（考古品）でありアンティク（風変わり者）にすぎなくなってしまった。そうなったのは、大東亜戦争の敗戦以来だと考えれば、すでに七十余年も経っており、この事態に変更が生じるなどとはとても考えられない。インテグリティを失うという意味での統合失調症はすでにこの列島の文化になりおおせてしまったのだ。諸外国ではその失調症のせいでドンパチが始まっている。この列島にその破裂音はまだ聞こえていないようだが、それも時間の問題だ。そうと察すればどんな統合失調症者の背骨も遠からず震撼させられることになるのであろう。筆者には未来はもうないも同然だが、仮にあったとしてもそんな身の毛のよだつ未来に生きるのは御免被る。

第四章　脱け道のない近代の危機

1 モダニズム、レフティズム、ラショナリズム、アメリカニズムそしてマスクラシー

本節の表題に片仮名英語を並べたのはあながち僕のせいとはいえない。それらに訳語がないわけではないのだが、それら翻訳語のすべてに大きな誤解や錯覚が込められてしまっているのである。その原因を探ってみると明治維新後の近代日本が西洋文明の表層のそのまた目立った部分だけに注目を寄せてきたという事実が浮かび上がってくる。僕のみるところ西洋思想史の山脈は、とくにその尾根道には西洋における自己懐疑の系譜がはっきりとみてとれる。

ここでひとつだけ例示しておくと、一般に近代は一七八九年のフランス革命あたりから始まったといわれているが、その革命の翌年にはE・バークが『フランス革命への省察』を発表して「歴史の流れ」、「慣習の体系」そして「伝統の精神」の重要性を訴えることを通じて、社会の急激な大変革としての革命なるものを徹底的に批判し、というよりリヴォルーション（革命）の本来の意味は「伝統を保守するための現状の改革」だと主張し、保守思想を堅守せよと訴えた。その保守思想の系譜が我が国の近代にあってほとんどいささかも理解されてこなかったわけだ。

モダンは近代のことに非ず

　モダンに近代的という訳語をあてがったのは、その語の本質において、誤謬である。「最近の時代」（近代）において主流をなす思想は「最新のモデル（模型）」を「大量のモード（流行）」となすやり方である。つまりモダンとモデルとモードの三者は互いに類似語だということである。そのことを知っていれば、近代化の必要などを国家の表看板に掲げられるわけがない。誰しもが多かれ少なかれ内心では感じとっているように刺激的な模型が急速に伝搬させられるような社会状況には軽挙妄動の気配が漂うのである。

　そうだとわかっていれば、大東亜戦争が大敗北に至った原因が、我が国の近代化の遅れにあったのがたとえ本当だとしても、だからといって近代化を戦後日本の進むべき方向として打ち出すことなどはできなかったはずなのである。つまりかつて進歩的文化人と呼ばれていた類の知識人たちは西洋の近代化にたいする西洋人自身の自己懐疑のことにいささかも注目してこなかったということだ。

　極端な例でいうと、英国では産業革命が完了するのと踵《きびす》を接するようにして（W・モリスが主張したような）中世風社会主義への復古すらが唱えられた。またJ・ブルクハルトといいF・ニーチェといい西洋近代において登場した群衆にたいして、とりわけ民主主義に狂奔する人々にたいして、「牧場で草を食《は》む畜群」とみなしたのである。そしてそうした群衆に（十九世紀三〇年代のアメリカ社会を見本にしつつ）「マス」という命名をほどこしていたのはA・ド・トックヴィルであった。

レフティズムはモダニズムの見本

我が国では今もなお左翼か右翼かなどといった分類が（相手への罵倒語として）頻用されている。しかし、レフト（左翼）という政治用語が最初に用いられたのはフランス革命においてであったことを忘れるべきではない。つまり、フランス国民公会の左がわに座してリベルテ（自由）・エガリテ（平等）・フラテルニテ（博愛）・ラショナリテ（理性）を叫び立てた主としてジャコバン派の政治党派が左翼なるものの始まりなのである。

そうとわきまえていれば前世紀の後半でいうと自由主義を標榜したアメリカも社会主義を宣伝したソ連も政治思想においてはともに左翼に属するのであり、したがって米ソ冷戦なんかは左翼陣営における「個人主義と集団主義の内部抗争」であると見分けがついたはずである。ところがアメリカに追随するのを保守と呼びソ連に接近するのを革新と名づけるなどというとんでもない大錯覚の下に戦後日本の政治が運営されてきたのである。

ついでに言及しておくとコミュニズム（共産主義）とアナーキズム（無政府主義）のあい

だには（出発点において）類同性がある。コミュニズムは、近代において古きコミュニティ・ゲマインシャフト（共同体）が崩壊したと判断して、未来に共産主義という理想郷を夢想したのであった。それにたいしアナーキズムは、古き共同体がまだ残存していると判断し、大きな中央政府などは有害であるとみなした。そして、これが最も重要なのだが、コンサヴァティヴィズム（保守主義）は、もっと強く、共同体の保存に意を用いたのである。

つまりコミュニティ（共同体）が重要だとする点では、過去に遡及《そきゅう》するか未来に突撃するかの別はあるものの、それら三者は互いに背中合わせにつながっているといってさしつかえない。そしてこの共同体の必要という一点にかぎっていえば、コンサヴァティヴィズムが最も説得的であった。なぜといって保守思想こそは共同体における歴史・慣習・伝統を破壊することには要注意と訴えてきたからである。

アメリカこそが左翼国家

「理性を宗教とせよ」と呼号したのはジャコバン派であり、また「宗教は阿片である」といったのはL・フォイエルバッハであり、それを受けたK・マルクスであった。ここでは宗教論は省くものの確認しなければならないのは、近代にあってはラショナリズム（合理主義）が次第に宗教の次元へと持ち上げられていったことについてである。

その見本が社会主義における未来計画にほかならない。未来を正確に予測することなどは不可能であるにもかかわらず社会主義は（計画経済をはじめとして）未来の合理的設計に熱中し、そして大挫折を被ったのである。その点ではファッシズムやナチズムの全体主義も、さらにはアメリカのニューディール（新方策）も合理主義の轍《わだち》にはまっていたということができる。

アメリカは主として個人間の自由な取引の場としての市場交換や投票行動を重んじつつ、個人の合理性を発揚させることを最大の価値としてきた国家である。そこで見失われていたのは合理の大前提には感情があるということ、しかもその感情は一つに国民において何ほどか共有され、二つにその共有は国民の歴史的なるものとしての常識にもとづかなければならない。歴史感覚の乏しい移民国家にして実験国家たるアメリカにあってそうした前提が確立され難いことはわざわざ指摘するまでもない。

アメリカ流の合理「主義」にあって幅を利かせてきたのは「形式化の容易な論理」と「数量化の簡単な事実」であったといってよい。つまりアメリカニズムの別名はテクノロジズム（技術主義）であり、事実、二十世紀以降のアメリカはほぼ完全にテクノクラシー（技術の支配）の下にあるといってかまわない。

A・アインシュタインは「ヒューマニティ（人間性）がテクノロジー（技術）によって傷つけられている」といったが、ヒューマニティの基礎をなすのは人間が言語的動物でありそして言語がかならず過去からやってくるからには、歴史感覚によって形作られるといわなければならない。その種の感覚が（建国の由来からして）乏しいアメリカにあって貧血症状を呈するのはむしろ当然の成り行きである。

いうまでもないことだがテクノクラシーの下で多かれ少なかれ苦悩を味わうアメリカ人が（冗談口を叩いてミサイルの名前でいえば）「オネスト・ジョン（正直太郎）」であったり「寂しいアメリカ人」であったり「拳銃乱射のアメリカ人」であったりすることを否定しはしない。僕が指摘したいのはアメリカ文明の基本方向があくまで形式化・数量化を旨とするという意味で「単純模型の大量流行」の線に乗っているという一事である。

そのアメリカニズムなる精神的放射能に焼かれることに欣《よろこ》びを感じてきたのがほかならぬこの戦後日本の七十余年間である。そうした傾きに入るのが敗戦国の習いだとはいえ、戦後日本の学者・評論家・ジャーナリストが、つまりインテリゲンチャたちがその傾きを急勾配にしてきたということについては、僕は子供の時からずっと多大の抵抗を感じてきた。

社会に実質的な貢献をすることの少ないのがインテリならば、せめてこうしたアメリカニズムの弥栄《いやさか》にたいして批評を加えるべきではなかったのか。その政治的立場が体制に迎合的であれ反発的であれ、つまり親米派であれ反米派であれ、モダニズムの権化たるアメリカニズムを受け入れる言説を繰り広げるかぎり、それらのインテリはすべて左翼だといってさしつかえない。

ところでライト（右翼）とは何のことか。右翼思想なるものをあえて定義してみれば、当該の国家のカスタム（集団的慣習）およびハビット（個人的習慣）を固守せよと主張する立場のことといってよい。そしてそれは一般に「現状維持派」のことだとみなされている。ここで奇妙な思想上の錯乱が生じる。

戦後日本は、もっというと明治維新後の近代日本は、現状にたいするチェンジ（変革）ということにきわめて楽観的でありつづけてきたのであり、その意味で左翼的であったといってかまわない。そうだとすると現状維持派としての右翼は、現状が左翼的であるからには、左翼の親戚だということになってしまうのだ。その見本を自由民主党なるものの政治に見事にみてとることができる。僕のみるところ自民党は、社会民主主義的な（社会保障政策をはじめとする）政策を巧みに取り入れつつ、現状への有効な変革に精出してきた。そんな自民党はいわば「現実主義を重んじる左翼政党」にすぎないのではないか。

慣習・習慣を守るのが直ちに保守というわけではないのである。もちろん、慣習・習慣を急激かつ大規模に変革することについて保守は厳重に警戒しはする。しかしそうする理由は慣習・習慣のなかに「状況における平衡精神としての歴史的英知」が、つまりトラディッション（伝統）が包蔵されていると想定するからにほかならない。もし人々のプロペンシティ（性向）やプロクリヴィティ（傾性）が伝統を忘却する方向にあるというのならば、その忘れ去られたものに遡及しようとするのが保守思想である。

いうまでもないことだが、状況にあっては（予測困難な要素が多い以上は）形式化や数量化を超えた形での判断と決断が必要となる。つまり伝統を求めて過去を回顧するからといって、保守思想は未来へ向けてのプラクティス（実践）を無視するわけではないのである。というより、プラクティスが「慣行」であると同時に「実践」でもあるという両面性に、保守思想は留意しつづけるのである。

マスクラシーの恐怖

伝統という名の国民性の基盤が溶けて消えていけば、人民は国民であることをやめてマスへと転落していく。マスを日本語では「大衆」と訳しているが、これほど誤解の多い訳語もめったにない。マスは徹底的にネガティヴな意味内容をもつ言葉なのだ。つまり、砂粒のようにバラバラに切り離された粒子があたかも砂山のように巨大な集積となっている状態、それをマスというのである。だからマスマンは「大量人」と訳されるべきであり、マスもまた「大量人たち」と呼ばれるべきであろう。そしてマスは、風が吹けば一夜でその姿形を変える砂山と同じく、社会の流行が変わればたちどころにその世論が変わるといった類のものである。もっと厳密に定義してみると「単純模型の大量流行」に速やかに順応する人々をマスと名づけるべきだ。

帝政ローマの後半期も「パンとサーカス」に狂うマスの社会、つまり皇帝から幾ばくかのパンを与えられて時折にサーカスを催してもらえれば、皇帝にたいして速やかに歓呼の声を挙げるといった状態であったらしい。そしてトックヴィルが一八三〇年代の後半に(たった九か月のアメリカ体験にもとづき)その国を「近代最初のマスソサイアティ」とみたのである。マスソサイアティ(大量社会)について論じることを大衆蔑視論と名づけるのは完全な間違いである。

大衆社会論の系譜にあっては、オルテガが『ザ・リヴォルト・オヴ・ザ・マッシズ』(大衆の反逆)において指摘しているように、マスの見本はスペシャリスト(専門人)なのだ。専門人こそは社会のほんの一側面について形式的・数量的な説明を施した上に、あろうことか社会の全体にかかわらざるをえない政策についてまで喋々している。いったい彼ら専門人たちはどこから社会にかんする全体的な把握を得るのであろうか。いうまでもなく世論の風向きからである。

たとえば世論がグローバリズム（世界画一主義）を迎え入れる気配なら、専門人たちは国家廃絶のための部分的な分析を次々と供してやむことがない。こうした状況をさしてマスクラシー（大量人たちの支配）と呼ぶことに僕は何の躊躇も感じない。

マスクラシーにおける第一権力はどこにあるか。「メディアは（立法・行政・司法に続く）第四の権力である」などといわれるが、既存の三権は専門人たちの勧告を受け入れて世論の傾きに身を合わせようとしている以上、「世論を動かすものとしてのメディア」こそが第一権力だとみなければならず、トックヴィルは百八十年も前にその事実をアメリカ社会において見届けたのである。

オルテガのいった「大量人たちの反逆」とは「社会を支配する意志も能力ももたぬ大量人たちが、その〝自分らの限界に反逆して〟ポピュラリズムを通じて社会の各部署における権力機関にみずからの代理人たちを送り込み、そしてそのマスソサイアティが機能不全に陥ったら、有能な人材はいないのか、と歎いてみせる」といった状態のことをさす。この意味でのマスクラシーが世界規模において頂点に達しつつあるのがこの二十一世紀初頭の姿だとみえてならない。

かつてドイツのナチズムや中国のマオイズムに典型的にみられたようにマスクラシーの

ただなかからディクテーターシップ（独裁制）がもたらされることも多い。マスクラシーは人気制に振れたり独裁制に揺れたりしながら現代社会をコンフォーミズム（画一主義）に凝固させたりマルティプリシティ（多様性）に発散させたりといった振動を繰り返す。デモクラシーがついに底を割ってマスクラシーへと落ち込んだということである。

「社会の権力がひとたびマスの手に渡ったら、その社会を救済することは不可能である」（オルテガ）ということを承知の上で、僕は四十年近くにわたってマス批評を続けてきた。その効果はいうまでもなくゼロであった。そうと予想した上でそんなことをやってきた僕はいったい何者なのであろう。狂人でないのはどうやら確かなようであるから、まあ、変人奇人の一種なのであろう。

2 イノヴェーション、近代人の生活習慣病か

二葉亭四迷はノーヴェルを「小説」と訳した。男子《おのこ》のなしてはならぬことを自分はやるのだということを自覚し、謙遜の気持ちでそう訳したのである。だがノーヴェルは素直に訳せば「新説」のことである。

近代西欧に発生した新説とは何のことかというと、人間精神の内面における動きを描写し解釈する作業のことにほかならない。そしてその内面を凝視してみると、そこにはパラドックス（背理）のことを含めて様々なコントラディクション（矛盾）が蠢《うごめ》いている。それを表現するのが新説ならば、ノーヴェルなるものは近代人自身の自己批評を表現するものにほかならないということになる。

その意味でのノーヴェルに僕は敬意を抱いてきた。しかしそれらの矛盾は、もし人々のあいだのコンタクト（接触）や物事のコンテクスト（脈絡）が示されれば、容易に解決されることが多い。逆にいうと小説が人間精神の内面に深入りしてきたのは、社会の人間関係における接触や脈絡が弱まり崩れてきたということの反映といってよい。

より広くいって現代世界にイノヴェーション（ノーヴェルのなかに入ること）が一種の魔語として広がっているのは、現代がまるごとマス（砂粒のようにバラバラな人々の単なる集積）によって占拠され、社会が瓦解していればこそなのであろう。しかも形式化・数量化につらぬかれている技術の方面におけるイノヴェーションにのみマスは群れ集っている。この観点を抜きにして経済における資本主義や政治における民主主義を語ったとて詮無い話と思われてならない。

利便性に心身をあずける現代人

市場では取引される財・サーヴィスをコモディティ（商品）と呼んでいる。ここでコモディティという言葉の原義が「皆が共有する様式」だという点を忘れるべきではない。そして、皆が集まる理由はその商品がコムモーダス（皆が共有する様式）とみなされているゆえだ。あるいはその商品が遠からず社会の共通様式になると見込まれてのことであろう。

いったい何を求めて共通様式の周りに人々は集まるのであろうか。いうまでもなくコンヴィニエンス（便利）を、である。そしてコンヴィニエンスという言葉の原義もまた「皆が集まること」なのである。僕が否応もなく認めざるをえないのは、要するに、少なくとも社会の多数派は、古今東西、利便性を求めてやむことがないという事実だ。そうと知りつつも、しかし、利便性という共通様式はいったいどういう条件において生じるのか、ということについて少しは考えねばと思うのである。

というのも、より多くの利便を供すると喧伝されているより新しい商品が、結局のところ人々の生活を乱雑にしたり空虚にしたりするということが頻繁に生じているからだ。つまり利便性なる観念は次の二つの条件の下に生じているのではないか。一つにマスの視野が一般にショートトラン（短期）であるという条件、二つにその視界がプライヴェートなところにとどまっていてパブリックな領域には及んでいないという条件である。

まずパブリックな視界のことについていうと、経済学がいっているような完全に私的なアプロプリエイション（占有）などはこの世に存在しない。なぜなら商品の物理的特性のみならずそれの発揮するイメージ特性のことを考えると、いかなるイメージも社会的に共有されたり、それが公共的な徳義に合っているかどうかが問題とされる、ということになるはずだからだ。要するに、私的な利便性の追求が社会制度を混乱させたり公共性の基準を破壊したりすることが長期的には起こりうるということである。

だがここでいうマスとしての群衆はマイオピック（近視眼的）に目先のことにしか関心がなく、また単なる私人として行為するのみで、おのれらの生息する社会が公共基準を必要としているということにたいする配慮、それがマスにあってはきわめて少ない。

イノヴェーションが音立てて進行するのは、こうしたマスの非社会性・非公共性に乗じてのことではないだろうか。そして認めてかかるほかないのは、こうしたマスの繁殖に抗することなどは（とりわけマスクラシーの発達した現代では）不可能だということである。

かつてシュペングラーは「文明の秋期から冬期にかけて跋扈《ばっこ》するのは貨幣と知性とである」といったが、そこでの知性とは技術的情報のことをさしている。つまり太古の昔から生産される便利な品物が貨幣（もしくはそれに類した稀少金属などの交換媒体）を通じて消費されるのは避けがたい行程なのだ。僕がいいたいのはそのことに批評を差し向ける少数派の活動が現代にあってはほとんど絶滅されているのではないか、という危惧についてである。

だから現下におけるイノヴェーションの休みなき進行を（シュムペーターのように）「クリエイティヴ・デストラクション」（創造的破壊）などと僕は呼びたくはない。それはむしろ公共社会にたいする破壊的創造となって広がっていると断言したくなるほどだ。

とくにＩＴ（インフォメーショナル・テクノロジー、情報技術）の繁殖については、そこでの情報なるものが形式化・数量化の容易な種類の知識のみをさすことに留意しておくべきだ。逆にいうと、形式化・数量化の困難な哲学的・芸術的・宗教的な領域にかんするナレッジ（知識）が貧しくなっているということである。

決定的に重要なのは不確実性のきわめて高い未来へ向けてのプラクティカル・ナレッジ（実践的知識）つまり未来の危機に立ち向かうための解釈力と判断力と行動力が貧しくなっていることだ。ごく常識的に考えても新奇なる物や事が増えつづけると、未来にプレディクション（確率的予測）を下すことが難しくなる。そのことを無視して、直近のデータだけを使って未来予測しえたと称している（主として株式資本主義における）流儀はほとんど詐欺も同然だといってかまわない。

さらに一般化していうと、どんな時代にあっても人間の生は（W・ディルタイのいったように）ワンス・フォア・オール（一回限り）といった性格が強い。そんな一回限りの生の未来を確率的に予測することなどは本質的にいって不可能なのである。いわんや社会発展に科学のものめかしたロー（法則）を見出せるわけがない。イノヴェーション礼賛が各国家を危機に追い込んでいるのは、そのことを忘れて人々が刹那《せつな》的に生きているせいだといってさして過言ではない。

しかも現代にあってはイノヴェーションがグローバル（地球規模に広域的）になっているし、そうなるのが世界文明の進歩だともてはやされている。それはつまり世界危機の出来ということである。その世界危機が深まるにつれ各国家間の（ふたたび帝国主義と形容してさしつかえないような）軍事的な紛争・戦争が随所に生じてもいる。これをさしてもし創造的破壊と呼ぶならば冗談もほどほどにせよと言い返すほかないではないか。

しかしここでも、マスにおける利便性への執着が止まないかぎり、紛争・戦争も不可避の事態だと認めざるをえない。僕が気になるのはその事態の責任はマスそのものにあるのに、それをアメリカやロシアや中国の政府の責任というふうに、どこかの悪者のせいにするという無思想状態についてである。

シュムペーターの間違いはどこにあったのか

シュムペーターがイノヴェーションの創造性を強調したについては、資本主義経済の発展史がオリゴポリスティック・コンペティッション（寡占的競争）における企業活力を高く評価してのことであった。しかしその最晩年の書『資本主義、社会主義、民主主義』にあっては資本主義の創造的活力が（イノヴェーション活動のルーティン化、つまり「日常の凡庸な手続きと化す」せいで）衰微すると見通し、民主主義の政治体制にあっても有能なエリートが選出されるということにはならないであろうと予想した。そして優秀な官僚に率いられる社会主義の計画経済がかろうじて創造的破壊の活力を発揮するのではないかとも予想した。

しかし、その民主主義への悲観には頷くべきであろうものの、資本主義についても社会主義についてもシュムペーターの予想は的を外れていたというしかない。資本主義経済にあっては創造的破壊が（世界市場の覇をめざしつつ）破壊的創造に逆転するほどに熱烈に追求されつづけてきたし、その結果として各産業にモノポリー（独占体）すらが形成され、そしてその独占体は世界中に販路を拡張すべく狂奔しているといってさしつかえない。また社会主義がその官僚主義の行き過ぎと計画主義の誤謬のゆえに挫折の憂き目に遭ったことはソ連・東欧の崩壊をみれば明らかである。

彼が看過していたのはマスソサイアティの恐ろしさについてではなかったのか。マスは、ヴァルガリティ（俗悪性）を剝き出しにすることも厭わずに、「ニューコモディティのニューセールをめざすニューアドヴァタイズメント」を進んで受け入れ、独占体・寡占体の企業に破壊的創造の機会を供与しつづけている。

むろんそれにつれて資本主義の金融市場が（直近のデータのみに反応して）バブル（泡沫状態の膨満）とバースト（その状態の破裂）を繰り返してはいる。しかしその破裂を救済すべく政府が金融と財政において政策出動するという擬似社会主義を採用することにより、少なくともアメリカをはじめとする経済大国の資本主義経済は生き永らえつづけている。

そうしたイノヴェーションの過程にあって市場へのいわゆるディレギュレーション（規制撤廃）と経済的弱小国にたいする（グローバリズムの旗幟の下での）市場開放が要求されてきた。それは同時に、経済活動における「規制の体系」としてのオーガニゼーション（組織）が、マモニズム（拝金狂）と呼ぶしかない資本利潤の追求によって、破壊される成り行きともなった。

未来の不確実性が「確率的なものとしての危険」の範囲にとどまっているのならば、ITがその危険への対応策を算出してくれるとみなすことができよう。つまり危険はマネージ（管理）することができるとひとまずいうことができる。しかし確率的予測の困難なクライシス（危機）は合理的な管理が不可能なゆえに危機と呼ばれ、そして危機にたいしては経験知と想像知とを駆使するという意味でのルーリング（統治）を施すことができるにとどまる。そしてそうした統治のために組織が必要であることは論じるまでもあるまい。管理を「合理的な処方」ととらえるなら「危機管理」などという表現がすでにして危機の何たるかを知らぬ者の言い種にすぎないということだ。

組織が健全であるためには被雇用者の相当部分が、暗黙の契約という意味で、長期雇用されていなければならない。肉体労働に従事するレイバラー（労働者）や精神労働にかかわるワーカー（勤労者）の過半が不定期雇用であるという状態は即座に組織の弱体化をもたらすに違いなく、その結果はといえば危機への対応策を寡占体・独占体が組み立てられなくなるということである。

それゆえに、一方で規制緩和を推進すべくスモール・ガヴァメント（小さな政府）を要求しておきながら、他方で危機に逢着すれば政府に助けを求め、その結果、ビッグ・ガヴァメント（大きな政府）が必要となる、という矛盾した行動を現代の資本主義企業は繰り返している。

EU（欧州連合）のように国家間の障壁を撤廃するというやり方もまた失敗に至り着い

ている。それもそのはずEUは、各国家の政府を各国民の投票に委ねておきながら、それらの政府の政策的自由度を（EU中央当局の指令によって）大きく制限しているのである。それが経済危機に逢着することはたとえばギリシャの例をみれば火をみるより明らかである。

その危機の過程はおおよそ次のようなものだ。ギリシャでは賃金が安いということでドイツから大量の投資資金が流れ込み、それは既存のギリシャ企業を倒産に追い込む。ところがギリシャ人の労働・勤労は、企業組織が脆弱なせいもあって、低い生産効率をしか発揮できない。そこでドイツ資本が引き上げることになり倒産と失業がさらに増大するにもかかわらず、ギリシャ政府の財政赤字にはあらかじめ箍《たが》がはめられているのであるから、ギリシャ政府は失業救済にすら乗り出せない。そこで一般市民の反政府運動が高まるのは当然の成り行きといってよい。いずれイタリアにもスペインにもポルトガルにも似たような事態が発生すると見込まれている。EUの成立時、それに疑義を呈したのは僕一人であったことはどうでもよいとして、それに万歳三唱したインテリどもの無責任ぶりには呆れるのほかはない。

世界の経済がこうした混乱をみせつけているにもかかわらず、世界の証券市場では、目先の企業利潤が、（資本分配率が高いことを主たる要因として）株価が高騰している。しかもそれはほとんどチキンレース（臆病風を吹かせた者が負けるという試合）のようなものであって、いつ暴落するかという恐怖心を心中に抱きながら株式市場に殺到しているのが現代の資本家の姿なのだ。

しかも株価上昇を支えるものとして喧伝されている諸企業のイノヴェーションなるものも、少し時間が過ぎればさして利便性の高いものではなかったと判明したり、社会秩序を混乱に陥《おとしい》れる商品にすぎないとわかったりする。いわんやその過程で企業利潤の一〇〇％近くが株主配当に当てられるという形で所得格差が拡大するとなれば、資本主義の繁栄のただなかで資本主義への不満が異常に高まるといった事態にならざるをえない。

今のところイノヴェーションによる社会秩序の劣化はいわば不可避の事態として（諦めの感情にもとづき）容認されてはいる。しかしそんなことがいつまでも続くはずがない。晩《おそ》かれ早かれ「組織不在の資本主義的企業」は、投機や詐欺の果てに、音立ててひび割れるということになるのではないか。

3 資本主義に歯止めをかけられるか

私有財産制を野放しにしてはならない

財産のプライヴェート・オーナーシップ（私有制）そのものに僕は反対しはしない。というのも自由意志の形成や発揮には何ほどかの財産なりその使用なりが必要なのであり、だから私有制が禁止されるなら自由意志もまた死滅するとみなければならないからだ。

しかし二つのことに注意しておかなければならない。一つは、私有財産をうまく使用するには、社会のインフラ・ストラクチャー（下部構造）のみならずスープラ・ストラクチャー（上部構造）が政府によって上手に設置されたり運営されたりしていなければならないという条件である。つまり公共財のない社会などは考えられないのであり、そして（共同消費財としての）公共財の所有権は一般に（国民の形成するものとはいえ）政府に所属することになる。

それをいわゆるクラブ財として「諸個人の共同所有」としたとて、その負担金をめぐって（一般には必要度や使用度についての自分にだけ好都合の「嘘の報告」によって）紛糾するに決まっている。二つは、財産の保有や使用には公共的な見地からする制限が付されるということだ。代表的には企業に課される法人税や商品の輸出入に課される関税がそうした制限の代表となる。

まず後者についていうと、カスタムあるいはタリフ（関税）という言葉の原意が当該の国家の骨格を「慣習において知らせること」ということからも察しられるように、財産にたいする使用限定法こそは国柄を物質的・金銭的に表示したものだといわなければならない。後者の法人税もまたそのつながりにおいてとらえる必要があるのであり、法人の利益にどんな税を課すかという形で、その国家における財産の使用方法に一定の枠をはめているのであり、個人への固定資産税も同様の趣旨にもとづいている。

トマ・ピケティという人物が、『資本』において資本分配率の上昇という歴史的傾向を実証した。だが、その因を尋ねてみれば、イノヴェーションがキャピタル・ユージング（資本使用的）な形で起こり、それに応じて企業収益の増大分を資本所有者が手にしているということにすぎない。

しかし、研究者をはじめとして労働者も勤労者もそのイノヴェーションの遂行に努力しているのであるから、問題は資本の使用制にもとづいて「資本分配率」をどう決めるかという企業の政治の問題なのであり、それがうまくいかないなら、政府がコーポレート・ルーリング（企業統治）に関与しなければならない、ということなのである。

情報の「新結合」は必然の悲劇なり

シュムペーターは当初（イノヴェーションのことを）ノイエ・コンヴィナツィオンつまり「新結合」と呼んでいた。財産所有体の外部環境に変化が起こったとしても、つまり自然・自己という空間領域や未来・過去という時間領域において外部的変化が生じたとしても、たしかに、それらの変化をいかなるものとして説明・解釈するかにあたり、これまでに蓄積されてきた内部情報を新たに結合し直して受け取るのほかはない。その意味で新結合の能力は人間の精神に本源的なものであり、それゆえイノヴェーションを大きく抑止することなどは（人間の脳にかんすることであるからには）不可能とみなければならない。

シュムペーターにあってその新結合は新商品・新技術・新販路・新資源・新経営の五方面に見出されていた。それら五種の新結合を率いる目的は、資本主義にあっては、一つに利潤の最大化であり、二つに（資本家の奢侈《しゃし》に費やされる割合には限界がある以上）資本蓄積の最大化ということになる。資本利潤・資本蓄積を目的として情報の新結合を休みなく続ける、それがいわゆるキャピタリズム（資本主義）ということにほかならない。

しかし国内の購買力が、とくに企業利潤の一〇〇%近くを資本家が受け取るという現代の経済体制にあっては低迷し、したがって資本主義は海外での生産、外国企業の吸収合併を求めて国境を越えていく。言い換えると、資本輸出入税を高めにしないかぎり資本主義におけるグローバリズム（つまり地球の規模での広域主義）が起こらずにはいないということだ。またこの輸出入税の網をくぐらんとする不法の資本逃避を防ぐのがきわめて困難であるときている。

かつてマルクスがいったように「資本に国境はない」という状態を回避するには、余程に強力な政府規制が必要といわなければならない。いや、そうした規制は技術的には可能なのであろうが、資本家集団が（金銭力を駆使することにより）そうした規制に邪魔立てをするので、グローバリズムが致し方なく拡大するということなのであろう。

だが、既述したように、グローバルな金融経済は膨満と破裂の循環を繰り返し、そのつど各国の経済が激しく傷めつけられる。そういう事態をいくども味わわされた結果、プロテクショナル（保護主義的）な施策に各国家が本気で取り組まなければならなくなっている。

たしかに、関税や非関税障壁を商品貿易および国際間資本運動をプロヒビット（禁止）するほどに厳しくするなら、それは世界の経済を全体として衰弱させる保護「主義」だ、さらには鎖国主義だと非難されて致し方ない。だが、国家経済の全体としてそれらの規制が禁止的な水準に至っていないかぎり、国家にとってプロテクション（その原義は「前面を守る」ということ）は必要にして有益なこととみてさしつかえない。

取引における自由放任か規制強化かという二者択一のイデオロギー論争が引き続くせい

で、今のところは各国家が「適正な規制」による「公正な価格」を国内外の取引において樹立することが困難となっている。で、「新結合を旨とする資本主義」があたかも歴史の運命であるかのように、「資本に国境はない」と容認されて、世界を覆っている。その有り様をさして（これもマルクスの命名なのだが）キャピタル・フェティシズム（資本を物神として崇める態度）と呼んだとて誰も文句をつけられない。

資本はキャップ（頭目）でありキャプテン（総帥）である

　しかし僕の思うに資本物神というのはさほど的確な表現ではない。というのも現代のとくに金融資本家たちはキャピタル・ゲイン（証券価格の上昇分としての資本利得）の増大を、欲動というよりもむしろ、心理における一種のシステミズム（体系主義）として、いわばオートマティズム（みずからの行為に自己批評を差し向けないという意味での「自動症」）において行っているからである。いったい、何千億円の財産を貯えて有限の人生において何をなすのか、自分自身において一向に明らかではないのだが、何はともあれ資産を殖《ふ》やすのが日常的習慣になってしまっているわけだ。

　これをさして（国際政治学の泰斗H・モルゲンソーが特別に注目した概念）アニムス・ドミナンディ（支配欲動）と名づけてよいのではないか。支配欲動という言葉は主として国家の国際社会における国益重視さらには覇権主義をさす場合に用いられる言葉であるが、今や資本の所有と使用そのものが支配欲動に委ねられているのである。そういえば、「資」は「宝物を積む」ことであり、キャピタルのキャップは「帽子」つまり「人々の上に立つ」ことである。

それを踏まえてT・ヴェブレンは、キャプテン・オヴ・インダストリー（産業の総帥）にはワークマンシップ（勤労精神）という健全な人間性をみてとれるが、キャプテン・オヴ・ファイナンス（金融の総帥）はまさに支配欲動を剝き出しにして資本利得の拡大に励んでいると指摘したのであった。彼は（マルクスのように）それに政治的非難を浴びせたのではない。金融の総帥ぶりはおのれ自身の道を辿って膨れるだけ膨れそして最後には破裂するであろうと予告しただけのことである。

しかしこの金融におけるバブルとバーストの循環を単なる金融現象とみなしてすましてはおれない。そのバーストにあって大量の失業者が生み出されることはいうまでもないが、それに加えてシュムペーターの挙げた最後の二つ（つまり「新資源と新経営」）にあって金融資本は安価な外国人労働・移民労働を求めて動き回る。その結果、多くの人間が国家を失って世界を彷徨ったり、不定期被雇用者となって社会の底辺に沈むということになる。それが人々の勤労精神をどれだけ疎外するかわざわざ指摘するまでもない。

さらに広くみれば「新技術」にあって人々がロボット（労働機械）となり、「新商品」によって人々がサイボーグ（情報被制御体）になるという光景が広がりつつある。自己意識を持つのが人間であるとするならば、人間はいずれはみずからの生産活動と消費活動の双方におけるロボット化とサイボーグ化に不快や不満や反発を覚えるはずである。

いや、そういう感情をすら失って、人間精神の内部を虚無にしつつ資本家の支配欲動へのサーヴィス（その原義はスレーヴつまり奴隷ということ）に相務める、ということになるのやもしれない。もしそうなら、マスはテクノクラシーの下で文字通りに畜群と化すということなのであろう。それが人間にとってのブリス（至福）だという意見もあることであろうから、僕ごときが偉そうに畜群を見下してはいけないと承知してはいる。しかしどう考えても人間が自己意識を捨て切ることなど起こりえないのだ。

「フランス革命は弁護士やパンフレット配布者のグリーヴァンス（不平不満）」から起こった、と指摘したのはバークである。金融の総帥たちへの不平不満がひそかに膨らみいずれかの時点でそれが爆発する、ということも（推測できないまでも）予想・想像したりしておいたほうがよいのではないか。もっと率直にいうとグローバリズムの崩壊がグローブ（地球）の至る所で生じているのはその兆しだと思われてならない。

労働主義が広まらないのはなぜか

資本主義への不満が募るのならば、単純に考えて、資本の対抗物たる労働の権利が叫ばれて自然のはずなのに、なぜそうならないのか。その理由は、一つに、企業活動における賃金決定や収益分配を労働勤労集団に任せてしまうと、集団内での紛糾が絶えないと思われるからだ。二つに、労働「者」はあくまで人格的存在であるから、その欲望のなかに（みずからの家庭における）消費やレジャーの欲望も混入したりする。さらには彼らには人生というものがあるので、企業がゴーイング・コンサーン（継続的事業体）であることを脇において、自分一個の有限の生涯、それと企業の将来を同一視してしまうからである。

逆にいうと「金融の総帥」たちは、みずからの日常の生活や有限の人生のことを忘れて、継続的事業体（といっても資本蓄積の一点にのみ凝縮された事業体）に我知らず貢献する、それこそロボット、サイボーグの見本だということである。そうではない者としての労働勤労者の集団は、企業収益の分配や投資の決定においてきわめて不効率だということになる。

労働勤労主義に代えてソーシャリズム（社会主義）をとってみたとて、その計画を立てるのは政府官僚であり、そして政府官僚は生産現場や未来展望にかんする情報において具体的なことを知っているはずがない。だから計画主義は、政府官僚主義の轍にはまった挙げ句に、錆《さび》ついて崩れ落ちたのである。

有効なのは資本主義を中心におきつつも、それにたいして様々なレギュレーション（規制）をかけるということのみであろう。その規制の必要を最も端的に知らせてくれるのは、資本主義の未来があまりにも危機に満ちているという点である。すでに言及したことだがイノヴェーションが立て続くとなると、未経験の事態が頻発するのであるから、未来が（リスキーどころか）デンジャラスなものになる、つまり確率的な予測の困難な未来に資本主義は直面せざるをえないということである。

そうしたクライシスに対処できるのはヒューマン・オーガニゼーション（人間組織）のみである。ここでいいたいのは企業組織、地域組織そして政府組織が安定していなければ、資本主義そのものがみずからの作り出した危機の波濤《はとう》に乗り上げそして転覆する、ということにほかならない。

こうしたクライシスにあって是非もなく要求されるのは社会の在り方にかんするクライテリオン（規範）ではないのか。また、その規範を探すために人間・社会へのクリティーク（批評）を絶やさないことではないのか。ちなみにそれらの片仮名英語はすべて類似語であって元々はギリシャ語のクリシス（決断）に発している。そのことが示しているのは、危機にあっては決断が迫られ、その決断のためには批評を欠かすことができず、そして批評とは物事の限界を見定めるという意味での規範を探し出す、ということであろう。

僕の持論をここで繰り返させてもらうと、自由と秩序のあいだの平衡としての「活力」、平等と格差のあいだの平衡としての「公正」、博愛と競合のあいだの平衡としての「節度」そして合理と感情のあいだの平衡としての「良識」、この四幅対の規範の(現下の状況における)具体的な姿、それがクライテリオン(複数でクライテリア)ということなのだ。

人はよく理想対現実とかゾルレン(「べき」論)vs.ザイン(「である」論)などといい、そのいずれをとるかで論争している。それは(理想を有しない現実も現実にもとづかない理想もともに空論なのである以上)笑止千万な事態であって、求められるべきは両者のあいだの平衡をめぐって社会が(同意とまではいかなくても)妥協を見出すことなのだ。その規範についてのひとまずの妥協を普通は平衡といったり中庸と呼んだりしているのである。

ただしバランス(平衡)とエクレクティシズム(折衷《せっちゅう》)とを混同してはならない。折衷というのは、活力のことを例にとっていうと、自由と秩序の双方を弱くし、そうすることによって両者のあいだの隔たりを小さくしようとする不活発なやり方をさす。ここでバランスといっているのは自由と秩序をともに可能なかぎり強いものにしつつもなお、両者のあいだで平衡をとるという活発な姿勢から生まれるものである。あえて誇張された例でいうと、「一本の張りつめられた綱の上での綱渡り」あるいは「一筋の険峻な尾根の上での尾根伝い」、それが平衡ということなのだ。

そんな困難な仕事を科学や技術が、あるいは情報の新結合とやらが、果たせるわけがない。その平衡点に近づくには（M・オークショットのいった）「テクニカル・ナレッジ（技術知）を超えるものとしてのプラクティカル・ナレッジ（実践知）」が必要となる。そして実践知は、過去における経験知と未来への想像知といった、システミズムを超えた（インフォメーションではなく）ナレッジ・ヴィッセンシャフト（知識）がなければならない。

いうまでもないことだが、神仏ならぬ人間には真善美の極致に至るような智慧を獲得できるわけはない。しかしそれに少しでも近づくべくネイチュア（自然）とセルフ（自己）という空間意識そしてパースト（過去）とフューチュア（未来）という時間意識における未知や不可知の果てしなき領域に少しでも深く探りを入れるのが、そしてそれから得られた知見をひとまず総合してみせるのが、ここでいう実践知である。

人間組織が官僚化の弊を免れ難いことはよく知られている。そのことに厳重な注意を払わなければならないとはいえ、しかし同時に、その人間組織にこそ実践知が貯えられていることを忘れてはならない。いや、貯えられているというよりも、そこで実践知が想起され確認され応用されるのだ。

思い起こせば、一九三〇年代、企業や政府（とくに軍隊）が巨大化するにつれ組織論が各学問分野において繰り広げられた。そのことが綺麗さっぱり忘れられて、実際には経験してもいないし感得してもいないインディヴィデュアリズムつまり（集団から絶縁した）個人主義が現代のイデオロギーとなり、とくに資本主義の市場経済がその個人主義を表現する見本としての近代経済学によって席巻されてしまった。

要するに個人の効用や個人の利益が観念の玉座に据えられたのである。そんな事態がどうして広がったのか。それもまた近代主義の権化としてのアメリカニズムからだ、とみてさしつかえない。そんな子供じみた（ただし数学的には論理化しやすいとの理由で精緻化された）観念の体系から抜け出すこと、それが現代人にとって急務なのである。

4 「国民社会」主義、それだけが未来に可能な国家像

ナチズムの思想的正当性

国民社会主義的というのは独語に訳してナチオナーレ・ゾチアリスティッシェとなり、

略してナ・チである。その略語はドイツ国民社会主義労働党への蔑称として用いられた。またイタリアにおけるファッシスモも本来は団結主義あるいは結束主義くらいのごく普通の政治用語であったが、それもまた無条件に非難語として使用されてきた。もちろん両者がなした残酷な政治のことを思えば、それも無理からぬことと了解できはする。

しかし日本の軍国主義的傾向を含めて日独伊三国の同盟が「悪の枢軸」であり、米英ソ仏中の連合国が民主主義という名の社会正義を具現していたというのは歴史観における大嘘にすぎない。一九三〇年代の「世界的危機」（スターリン）において、レイト・カマーの帝国主義国たる日独伊三国が相当に無理な戦争を遂行せねばならなかったということ、明らかなのはそれだけである。とくにその「遅れてきた者」としての日独伊三国は国民社会が貧窮と分裂に喘《あえ》いでいたため、とくに植民と戦争の先進国である米英と対峙するのには、是非もなく国民社会に団結を呼びかけるほかなかったということなのである。

今現在も、グローバリズムの崩壊のあと、世界は米中露印欧の五極に分裂しつつある。ほかの諸国は深い混迷に沈んだり、分裂に鋭く引き裂かれたりしているだけだ。肝腎の日本はどうかというと、そんな国家はアメリカの属国にすぎないとの烙印を押されたまま、他国から関心を寄せられることがあるとすれば「日本はどれだけカネを出すか」ということだけときている。

この世界の五極化について相互の覇権争いにおける衝突のみを強調すべきではない。それら五極のすべてが、実は極の体をなしておらず、それぞれ内部分裂に苛まれているのである。外見上は露中の二国が独裁制のゆえに政治的安定を享受しているようにみえはするものの、仔細にみれば、両国とも主として民族問題と自由言論問題とをめぐって深い内紛の根を宿している。だから今の世界にふたたびクライシス（危機）の形容を与えて一向にかまわない。

こんな状態をもたらしたのが、一言でまとめればグローバル・キャピタリズムであり、とくにそれを彩るイノヴェーショナリズムであることについてはすでに説明した。要するに「歴史の経験」というものを忘れた現在の諸帝国は、「国民社会の歴史的基盤」を溶けて流れさせたのみならず、その向かう先の「国家の未来展望」をもまた（歴史からの示唆が何もないために）単なる未知のなかに放り込んでいるのである。

それらの諸帝国が何とかまとまりをみせているのは、それぞれの国民社会にポリティカル・コレクトネス（社会の多数派が受け入れるやり方が、さらには少数派の不満を縮小させるやり方が政治的に正しいという見方）がまだ罷り通っているからにすぎない。ところが多数派のオピニオン（根拠の定かならぬ臆説）としての世論が、メディアによって動揺させられること限りなしとくれば、政治的安定そのものが基準を失う。そしてポピュラリティ

（人気）に走ったりディクテーター（独裁者）の前に跪いたりする。

だが後者の独裁主義が長続きするとは考えられない。というのも、ソーシャル・ネットワーク・サーヴィス（SNS）が世界規模で広まってしまっていて、そこから独裁制への批判が休みなく注入されているからである。いや、外国から独裁批判の声が寄せられるたび、それへの反批判として独裁制が評価される気配すらみられる。つまり人気主義と独裁主義は相互補完の関係にあるのだ。

「国家とは何か」すらが明らかにされていない

ナショナリズムつまり国民主義の運動が欧州やアジアで強まると、ほぼかならず「ナショナリズム反対」さらには「国家主義反対」の声が上がる。他方で、「民族自決」には皆して賛同するというのに、そんなだらしない言葉遣いが少しも改められていない。そんな統合失調の言葉が安直に発せられるのは「国家とは何か」という問いへの答えすらが明確にされていないからだ。

というのも日本語でいうと、国家という言葉は、たとえば「国家が世話をみよ」というような場合には政府のことをさしている。ところが、「日本国家の歴史はどんなものか」というような場合には、国家とは政府のみならず国民の生活史のことも含んでいる。外国でも似たようなものであって、ナショナリズムは称賛語として用いられたり非難語として使われたりというふうに、その意味が定まっていないのである。ついでに確認しておくと、ナツィオとは「生誕（の地）」ということだ。生誕地にとどまろうとするのは、インハビタント（住民）が「ハビット（習慣）のイン（中）にいる者」ということからして、社会の多数派にとって当然の振る舞いと思われる。

グロティウスがネイション・ステートと名づけたのは、「国民とその政府」のことをさしていた。つまり国民・政府（国・府）が国家ということにほかならないのだ。それを、あろうことか国民国家などと呼ぶ習わしが我が国では定着してしまっている。国民国家などという名称は、分解してみると、国民「国民政府」というわけのわからないものになってしまう。

国家とは「ナショナル・ソサイアティ（国民性）にもとづくガヴァメンタル・インスティテューション（政府制度）」のことだ、となぜ素直に受け取らないのか。そして国家が明確な形をとりはじめたのは十六世紀欧州においてであったとしても、それへの形成運動は古代から始まっていたとみてよいのである。こうした言葉遣いの乱れもまた自由民主主義のイデオロギーによる歴史破壊の一例であろう。

どうして国民社会のことが重要かというと、そこにこそ国民と政府とが守らなければならない（理想と現実の平衡としての）「活力・公正・節度・良識」の規範が内蔵されているからにほかならない。各国民社会がグローバリズムのせいで混迷の度を深め、それにつれて国家の規範が融解していること、それが世界危機をもたらしていると認めざるをえない。ただし国家規範の不在を意識することとそれ自体が国家規範の必要を強く訴えていると考えるべきかもしれない。国家規範をめぐって、不在意識からくる存在願望が強まっている、それが現代世界におけるナショナリズムや国家主義の高まりとなって現れている。

もちろん先進各国でいわゆる少子高齢化の現象が進んだり、移民流入の問題が深刻化したり、格差の過剰が差別をもたらしたりしている。そういう難問が生じているのでナショナリズムも国家主義も順調に進んでいないのは認めなければならない。それに応じて国民社会に亀裂が縦横に走りはじめているという現実もある。

ここでまず認めなければならないのは、国家とは一方で国際社会と無縁ではなく、他方で国家の内部にも様々な地域性の違いがあるという事実である。国家はけっして閉鎖されたものではないし、他方で断じて一色に塗り潰されているようなものでもない。つまり国家は、外面においてみればインターナショナリティ（国際性）を有しており、内面をみればインターリージョナルネス（域際性つまり地域間連関）を有している。だからナショナル・ボーダーライン（国境線）は国際社会の転変につれて多少とも変動するし、その内部構成も地域連関の変化に応じて様々に変化する。そういう歴史的なダイナミズムのなかにあるのが国家なのだ。

少し具体的な話に及んでみよう。尖閣諸島は、日清戦争時から数えて七十五年間、明確に日本の領土として国際社会で承認されていた。しかしアメリカが台湾を見捨てて中国大陸と妥協し「一つの中国」を認めた際、台湾との妥協として「尖閣の領土権についてはアメリカは中立を守る」とした。その結果中国は「台湾は自分のものであり、それゆえ尖閣も自分のものである」という理屈を押し通しはじめたのだ。アメリカは「施政権は日本にあるが、領土権については関知しない」と今も表明していることに中国は乗じているのだ。

しかし、考えてもみよう、長きにわたる安定的な施政権、それが領土権ということではないのか。逆にいうとアメリカは日本の尖閣施政権が長期安定していないと認めていることになる。何という欺瞞を宗主国アメリカから日本は突きつけられていることか、と歎くなり笑うなりするしかない。

また北方領土についても、ロシアはそこをすでに七十年にわたって支配しており、それのみならずロシア人（およびウクライナ人）すらがそこに居住している。つまりそこにおけるロシアの施政強化のことを考えると、北方四島にかんする日本の領土権は、実質的にいって消滅しつつあるということである。

現にロシアはそこにミサイル基地を建設しつつあるといわれている。国家のボーダーラインというもののダイナミズムをしっかりと押さえていないものだから、しかもそれにかんする判断や決定を宗主国にあずけてきたから、そんな顚末になったのだ。たとえば鳩山一郎元首相が（一九五〇年代の半ばに）対露外交を始めたときアメリカは「そんなことをすると沖縄をとるぞ」と恫喝した。そんな経緯の結果として、こうした哀れな領土外交になってしまったのである。

このようにいうからといって、国家がショーヴィニズム（排外主義）を本来的に排するものであることを認識しておく必要がある。またセントラリズム（中央集権主義）と矛盾するものでもあると認めておかなければならない。と同時に国家を世界のなかに溶けこませるようなグローバリズムやコスモポリタニズム（世界連邦主義）とは明確な一線を画すのが国家というものなのである。

そのことを国際社会についていえば、国際社会とは国家間の敵対と協調の両面にわたる「実力と外交」による調整過程の場だということにほかならない。またそれを国内社会においてみれば、地域社会の復興なしには国家は空洞化するということだ。この簡明な真実が平和主義や人権主義の美名の下に脇に追いやられてきたせいで、ナショナリズムや国家主義と聞いた途端に多くの人々が眉をひそめる始末になっているわけだ。

デマを好みながらデマを暴くのも好む民衆

ガヴァメント（政府）の原義がサイバー（舵取り）と同じだということを忘れるべきではない。どんな国家も世界の状況という名の荒海のなかを漕ぐ船体のようなものなのであるから、危機をも含んだ荒れる海原のごとき未来へ向けて舵取りが必要なのである。その舵取りを（日本でいえば一億三千万人の）個人に任せるわけにはいかない。国民が議会を通じて形成したものとしての政府、それが国家の舵手《だしゅ》の任に当たるのである。

その意味で政府はまずもって国家のスープラストラクチャー（上部構造）を上手に機能させるという責務を担う。そしてそのためには「国家の独立と自尊」が必要であることはすでに述べた。そこで注意しなければならないのは、政府の舵取りがあまりに急進的であるならば、政府がおのずと独裁的になってしまうということである。むろん急進的独裁的に事を決しなければならぬ場面もないわけではないのだが、一般的にいえば政策をグラデュアル（漸進的）に推進することが大事であって、それを忘れてしまうと政府はえてしてトータリテリアニズム（全体主義）へと傾いていく。

なぜ漸進性が大事かというと役人を含め人間の認識が常に不完全であり、また国民社会は単純な理屈では割り切れないような複雑なオーガニシズム（有機体性）を帯びているからである。

そのこととつながってもう一つ大事なのは、国家は船体のようなものであって、その船体の構造を維持強化することが常に要求されるということである。ここでいいたいのは国家という名の船体を支えるインフラストラクチャー（下部構造）の重要性についてである。少しく具体的にいえば主として経済をめぐって交通輸送の機関を整備拡充すること、政治にかかわっては所得再分配の制度を修正したり国防力を強化したり国防参加義務を普及させること、社会にかんしては家族・地域を安定させるべく養介護施設の拡充や住宅政策の改善に励むこと、そして文化にかかわっては国民の健康・教育の保全に努めること、そうした多方面にわたるインフラの構築を主として担うのは政府である。そして問われるべきは、そうした作業にとって適正な政府の規模はどれくらいかということである。それがビッグであるべきかスモールであるべきかを無前提に問うのは笑止の沙汰といってよい。

そうした作業を急進的にやろうとすると、是非もなくドゥーチェやヒューラー、つまりかつて「総統」と呼ばれた独裁者が必要となりがちだ。実際ムッソリーニやヒットラーのような独裁者はインフラ建築において多大の成果を上げもしたし、スープラ指令において絶大な権力を振るいもした。だが振り返ると彼ら独裁者が（長期的にみると）デマゴーグつまり民衆煽動者であったことは疑うべくもない。

だがこの二十一世紀にあってはデマはすぐデーモス（民衆）にばれてしまう。言い換えると、デマを好みながらデマを暴くのも好む、というのが今の民衆なのだ。そんな時代にあって独裁者が長期政権を担いうるわけがない。民主礼賛の人気主義と独裁歓迎の全体主義のひっきりなしの往還、それが現代の政治とみえる。

社会的ではなく公共的なものを

すでにみたようにソサイアティとはソキウス（仲間）の集まりのことであり、また近代にあっては社会による弱者への保護をはじめとして「社会的なるもの」が肥大化していることは否めない。その肥大化がこれ以上は無理だとして「弱者切り捨て」が行われる場合も生じている。しかし重要なのは国民社会を「公共性の規範」へと繋ぎ止めることなのだ。そしてその規範はけっして社会における多数派の世論から出てくるものではない。

国民社会の歴史がその公共的な規範を活力・公正・節度・良識として示すことはすでに述べた。要するに国民社会を律するクライテリオン（規範）は過去への遡及によってその輪郭が示され、そして未来への（ギリシャ語でいう）クリシス（決断）によってその具体的な内容が暫定的に示されるということである。

これも既述したことだが国民が、まさしく「国の民」たるべく、リパブリック（公衆）

たらんとするのでなければ国民社会は公共性を持ち永らえることができない。

もちろん国民各位の私人性はそれとして許容されるべきではあろうが、しかしプライヴァシーは元来は秘匿されるべきものであって、公の場に表明されるべきものではない。よく「プライヴァシーの権利」などといわれるが、それは人間性への（秘匿すべきことをやっていることについての）半ばの不信を互いに認め合おうということにほかならない。社会に顕著な迷惑をかけるのでないかぎり、互いの（不倫とかいう下司な振る舞いを見本とする）エゴイズムについてある程度までは容認するのでなければ社会などが成り立つわけがない。

しかし同時に人々がおのれらの公人性を社会の表面で演じ合うのでなければ健全かつ面白い社会が成り立つはずもない。そのことをわきまえている人々が公衆だということになる。そしてそうした公衆によってのみ健全な政府が作り出されるとみなさなければならない。

そういう公衆によって成り立つ「国民社会」主義、それにしかどんな国家も未来展望の焦点を合わせることができない。そのことを確認しておけばナショナリズムの危険とか国家主義の弊害とか覇権衝突の危機とかいって騒ぐ必要は毫もない。

現状における世界大分裂は、逆にみると世界健全化の第一歩だということができる。たしかに世界の随処で紛争・戦争が勃発してはいるが、それは世界共和国や世界連邦主義などといったボーダレス・ソサイアティ（国境なき社会）の迷妄から覚醒する際の一時的なショックだとみることもできる。

現に「国境なき時代」を標榜したグローバリズムがそうした紛争・戦争の元凶なのであった。そうであってみれば、「開かれた国家」と「多様な地域」を回復するための国民運動とそれに支えられた政府活動がこれから積み重ねられなければならないとわかる。そうするほかにどんな国家のいかなる未来展望も見出されない。ただし、国家の舵取りを一つ間違えば大戦争すらが起こりかねないというのが今の（グローバリズムとナショナリズムとが解きほぐし難く絡まってしまった）世界情勢なのであってみれば、その未来展望はけっして安穏たるものではないであろう、と僕には思われる。

プライマリー・バランス論が国家破壊を促す

国民社会主義への無関心がほかならぬ政府財政におけるプライマリー・バランスへの執着として端的に現れている。

プライマリー・バランスとは税収と（公債元利支払の公債費を除いた）一般財政支出とのあいだの差のことをさす。それを均衡させようというのが財務省の一貫した姿勢となっており、それを経済世論が批判したことは一度もない。そこからいわゆる財政改革論（赤字財政解消論）がひっきりなしに叫ばれることになるのである。何という粗雑な財政論だと唖然としたまま、いや遠くから矢を射っても届かぬこと必定で、僕はすでに四半世紀を過ごしている。

僕の批判点は、どうして収支というフロー面だけを強調して資産保有というストック面に一切配慮しないのか、ということについてである。日本人の民間金融資産は一千七百兆円くらいのものである。そのうち一千兆ばかりが公債保有ということなので、また公債は（本来は国民のものたる）政府の民間にたいする負債ということなのであるから、国家としては帳消しされて、民間の純金融資産残高は七百兆円ということになる。

別の論点として日本人自身がそのほとんどすべてを保有しているといわれている公債は「現在世代の未来世代にたいする借金」という観点がある。しかしその借金によって未来世代のためのスープラおよびインフラの国家構造が整備されてきたのであり、その構造からのサーヴィスを享受するのは未来世代である。つまり未来世代がそのサーヴィスへの支払を（公債の元利返済という形で）なすことには何の問題もない。

問題があるとすればその未来世代のための構造建設に間違いや余計なものがある場合に限られる。しかし利権をめぐる争いや予測をめぐる間違いによる無駄な公共支出はせいぜい二、三割程度とみてよいのではないか。そうだとするといわゆる「将来世代への借金」はたかだか三百兆円くらいだとみてよいであろう。すると、現在の日本の「国民と政府」の資産は一千四百兆円であり、その子孫への負債が三百兆円だということになる。そのほかに政府の保有する外貨保有高は約百兆円とされているので、日本国家は一千五百兆円の資産をもっているということになる。

この巨大な資産を使って五年かかるか十年かかるかは僕には定かならねども、いわゆる国家のレジリエンス（強靭性）を強めるために、この世界危機のなかで、様々なプロジェクトを、主として食糧とエネルギーの自給度向上と都市住環境の再整備とを中心として、立ち上げるということが国民社会主義に立つ国家の当然進むべき方向だと思われてならない。

西欧でのいわゆるPAF（パブリック・アクション・ファイナンス）とは「公共活動への民間投資」のことをさしていたが、それを日本のエコノミスト連は誤解して、極端な場合には「民間活動への公共投資」ととらえる始末であった。国民社会への軽視がかかる倒錯せる財政論を招いたのである。

このことと関連して、いわゆる「インフラ」を物質的・技術的なものに限定してはならないということを確認しておかなければならない。国民社会のインフラ（下部）構造には、経済的・技術的なもののほかに政治的・権力的なもの、社会的・慣習的なもの、そして文化的・価値的なものがある。そのことに応じて政府組織、地域家族組織そして宗教道徳組織の構造もまたインフラなのだとみなさなければならない。それらを総称していえば、いわゆるソーシャル・インシュランス（社会への保障）の基本部分も、国民社会に（子孫にも貢献しうるという形で）長期的安定を与えうるからには、インフラストラクチャなのである。

ではスープラストラクチャ（上部構造）とは何かというと、それら社会安定のためのインフラを、未来展望に応じて、どのように具体的に機能させていくかということをさすことになる。当座の国家目的をどう設定するか、国内外の情勢変化にいかに対応するか、そこに発生してくる矛盾をどのように解決するか。そして（そうした状況の変化にもかかわらず）国益の基本路線を堅守するにはどうすればよいか、それらが国家のスープラストラクチャだということである。もう忘れられてしまったようだが、T・パーソンズのいわゆる構造機能主義（というより機能連関構造論）はこのスープラの運営という点でまだ有効であると認めざるをえないのだ。

ここで強調しておきたいのは技術もまた国民精神の産物にすぎないということ、そして国民精神の総合的な成熟とそれにもとづく国民精神における的確な実践がなければ、いわゆるインフラ論は物質的なるものに傾きすぎ、結果としていわゆる（土木建築方面での）

公共事業のみが注目されてしまうという一点である。一世紀以上も前に人間論に言語論的転回が生じたのである以上、インフラは国家制度の（F・ド・ソシュールの用語でいうと）ラング（文法的構造）として、そしてスープラはそのランガージュ（活動的機能）として、とらえられるべきだといってもよい。そしてラングといいランガージュといい、諸官庁の横断的な協働なしには組み立てられないのである。

いずれにせよ、財政の短期的な収支にのみこだわる財務省は、この長期的な資産のことを無視してプライマリー・バランスを保つべくたとえば消費税の増税を強行しようなどということをする。むろん超長期的にいえば国家資産が国家強靭化のために使われていけば、いずれはその資産が費消され、プライマリー・バランスのことを気にしなければならないときがやってくるではあろう。しかしそうなるまでにまだ時間的余裕がたっぷりあることを考えれば、この世界危機のなかで可能なかぎり安泰なポジションを日本国家が占めるためにいわゆるレジリエンス企画を推し進めることに問題があるはずがない。いや、そう考えて僕はPAP（パブリック・アクション・プログラム）なるものを掲げて二十年ほど全国行脚《あんぎや》してみたが、しかし、反応は微々たるものにすぎなかった。

わかりやすい例でいえば、今の財務省のやり方を家計になぞらえていえば、金融機関への預貯金のことを忘れて亭主の収入と主婦の支出のバランスのことばかりを気にしているという意味で、とても家族や国家の未来を全体として考えるやり方とは思われない。

いうまでもないことだが、高齢化や格差化の進展につれて必要となる社会保障費は、一見したところ現在世代が未来世代にツケを回すというやり方ではある。しかしそこでも、そういうやり方によって社会安定が確保されるというのなら、それは未来世代にも寄与するということになる。そのことも考慮すればプライマリー・バランスへの執着はほとんど病的な水準に達していると僕にはみえてならない。しかも現在世代とていずれは高齢化して社会からの保障を必要とする者が多くなるであろう。社会安定という見地を重要視するかぎり未来世代への借金ということを恐れるのは子孫恐怖症みたいなものだ。

もちろん、超長期的にみたときには資産はいずれ食い潰され、プライマリー・バランスのことを気に留めなければならないときがやってくるかもしれない。その点についていえば、日本人のいわゆる国民負担率（税金と年金支払）は西欧の先進諸国と比べて低い水準にある。それゆえ消費税であれ個人所得税であれ法人所得税であれ、長期的には、それらを徐々に引き上げることについて今から準備しておくことに僕は何の異論もない。

問題は法人税だが、法人税を上げると企業の投資意欲や投資能力が減退し、日本経済に由々しき事態をもたらすと心配されている。しかし、いわゆるレジリエンス・プロジェクト（強靭化企画）を通じて企業に様々な投資機会が与えられるのであるから、それらの増税がいわゆる資本逃避を促すというのもほとんど杞憂なのではないか。そんな杞憂が罷り通るのはスープラおよびインフラの投資というものにかんする関心（つまり国家意識）が日本企業にあって薄いということの現れとみるしかあるまい。

民主党政権時における「事業仕分け」がどれほど無残な結果を招いたかはよく承知されているところである。もちろん政府プロジェクトを野放しにする必要は毫もないが、それは国会の予算委員会で厳密に議論すべき課題であって、事情をよく知らぬ一般世論が「政府が何か悪いことをやっている」という弱者のひがみ根性で、政府に不平不満を浴びせてはならないということである。

ついでまでに確認しておくと資本は短期の利益を求めて海外へと逃避していく可能性が常にある。だから資本輸出税にかんする規制はもっと強化されるべきであろう。僕はよく覚えている、いわゆる東京ビッグバン（日本の金融自由化）のときに財務省高官が「ロンドンビッグバンがうまくいっているのだから、それに習わない手はない」といった程度の認識しかもっていなかったことを。また僕は知っている、消費税増税への反対が「目先の経済景気を悪化させる」ということのみにもとづいて行われていることを。

長期的に国民負担率を西欧並みにもっていくことによって社会を安定させることの是非、つまり「社会からの弱者への保護」ではなく「強者と弱者の関係を安定させるための社会への保護」、それについて真剣な討議を何一つ行っていないのだ。こうした諸点を考えていくと今日本国家に必要なのは、国家の長期展望、中期展望そして短期展望の三者を互いに区別しつつ、互いに関連づけるという落ち着いた財政論なのだと思われてならない。

しかしみかけるところ、日本の政府官僚は（打ち続いた官僚バッシングによって存分に傷つけられ）国家の短期展望のことにしか関心をもたなくなっているのではないか。そしてそれ以上に政治家は目先の総選挙での得票率のことを気にするため、国家にかんする視野がさらに短くなっている。まさに海図をみずから投げ捨てたままの無謀な航海に日本国家は乗り出しているのだ。

知識人よ、政策的実践への介入には厳重に注意されたし

世論が乱脈になり議会が混乱し行政が低迷するとなると、「いつまで埒の明かない思想的論議を続けているのか、さっさと行動に決起すべきだ」という気配が社会のあちこちに立ち込めはじめる。しかし、そうした気配に便乗するのは知識人にとって命取りとなる、という警告をここで発しておきたい。

第一に、保守思想が保ち守ろうとするのは「実体としての慣習」そのものではないのだ。慣習のなかに内蔵されていると想定される「危機において平衡をとるための作法」にかん

する英知、それを発見し今の状況にあってその作法をおのれの直面する状況に応じて具体化してみせるのが保守の基本姿勢なのである。

慣習の護持ならば、かつての国体護持運動がそうであったように、比較的容易に行動に結びつきうるであろう。しかし危機の何たるかを見分け、そこで平衡をとるのには様々な仮説を提示し、それらについて綿密な議論を繰り広げるのは、むしろ「認識的実践」と呼ばれるべきものであって、政治的実践や生活的実践にはかならずしも直結しないとみておかなければならない。現代日本人の大欠陥の一つは、こうした認識的実践を軽んじて世間に通りやすい決まり文句で政治的実践を煽り立てたり、生活的実践を組み立てたりするところにあったということすらできる。

第二に、プラクティス（実践）とは何かというと、すでに述べたように、一方でこれまでの慣行《プラクティス》の意味を確認することであり、他方で新しい未来展望へ向けて新しい企画を実行《プラクティス》することである。つまり実践そのもののなかにこうした過去回想と未来想起という分裂が含まれているのであるから、その分裂を認識論的に整理しなければ、そう簡単に政治的実践などを叫び立ててはならないのである。そんなことをするのは、政治家にあってにせよジャーナリストにあってにせよ、デマゴギーにすぎないというほかない。そしてデマゴギー（民衆煽動）のなかに含まれている虚偽を暴き立てるのもまた知識人の仕事なのである。

第三に、デモクラシーが現代の政治であることを避けられない以上、最も大事な実践は世論に働きかけることとである。投票や世論調査なんかは世論の趣きを反映する一つの指標にすぎないのであって、大切なのは世論を長期的にいかなる方向へ導いていくかということであり、そこにこそ知識人の本来の任務があるとみなければならない。

第四に、以上のようにいうことはけっして政策論議を軽んじよということではない。政策という具体的な課題をいかにとらえるかというところにおのれの歴史観や国家観や人間観を表出していくのが知識人の主務なのである。言い換えると、個別の政策を論じるなかでおのれの歴史・国家・人間をめぐるコンプリヘンション（総合的な理解）を陽表的にせよ陰伏的にせよ表現してみせるということである。ところが専門人はそのコムプリヘンションを「世論の人気」から借用してきて、自分は社会現象の一部のみを分析しているにすぎないのに、それを世論に合うように意味づけしてみせるのだ。

第五に、しかしながら、そうした総合的理解を発表する場が、今のメディア界ではますます狭くなってきている。僕の漠たる予感にすぎないが、あと五年か十年経てば活字文化はこの世からおおよそ消滅すると見込んでも大きくは間違わないであろう。そうならば知識人の基本的構えは、「負けを覚悟の言論戦」をどこまで粘り強くやりつづけるかということでなければならない。知識人の言論が政策に直接的な影響を与えるなどということは奇跡をおいてのほかにはありえない、とあらかじめ諦念しておけということである。そしてそんな割の悪いことをやる理由はどこにあるのかと問われれば、未来のいずれの日にか、自分が真剣に考え出したホーリスティック（全体論的）な仮説に注目してくれるものが出てくるかもしれないという当て処なき期待のほかには何もないのである。

第六に、活字文化の未来がかくも悲観的なものならば、知識人の活動形態にも工夫を凝らさなければならない。つまり書斎で思索し原稿を書き活字にすればそれですむ、とはいかないのが現下の言論状況なのである。数十数百人相手の講演にも精を出さなければならないし、多勢に無勢のテレビ討論番組でも自説を巧みに表現しなければならないし、俗悪のレッテルを貼られている週刊誌にあってすら、おのれの真意を伝えるべく（ユーモアとペーソスとをまじえつつ）意見開陳といかねばならない。学校教師についていえば、自分が情報伝達のプロレタリアートと位置づけられていることを承知の上で、しかしごく僅かの生徒・学生にはフィロソフィ（哲学、知を愛すること）がなんであるかを伝えるべくマイクの前で黒板を背にして手を替え品を替えの芝居をしなければならないのである。

第七に、こうした知識人のおかれた状況を過剰に悲観的に受け取る必要はない。歴史を振り返ると知識人は、戦争や革命の時期は別として、異様なまでの影響力を世に及ぼしてきたのである。その証拠に、歴史とは何かと話しはじめると、釈迦やプラトンや孔子の話がすぐさま出てくるではないか。オルテガに倣っていえば「知識人はこれまですべてであったのだから、これからは無に帰するであろう」という時代がやってきたのだと承知しておかなければならないということだ。

第八に、かかる始皇帝の焚書坑儒にも似た状況が現代を覆っているのは、現代がマスソサイアティとなったからにほかならない。マス（単純模型の大量流行に飛びつく人々）は、あっさりいって、知識人を嫌っているのである。彼らの知識人にたいする嫌悪感は、ポルポトのやったことがその見本であるように、時として知識人の大量虐殺にまで至る。そのことを予期した上でなければ、今、知識人として名乗りを上げる資格はないも同然である。

このように考えてくると政策実践への直接的関与に携わるのは現代の知識人にあって至難の業だということがよくわかるであろう。実際、政府や政党の審議員や調査員や研究者の集まりに組み込まれている者たちのほとんどすべてが政策のプロパガンダ要員となっているのである。専門人にすぎない彼らは、その見返りに様々な政府データを入手し、あれこれの論文執筆に利用しているのであろう。その結果はというとマスソサイアティがますますマス化するということにほかならない。

そこまで見通した上でなおもフィロソファたらんとする者はこの世への実践的関与を、

やめる必要は毫もないものの、その効果はほとんど常に零であると察知しておかなければならない。その零にいつの日か注目する人間が出てくるかもしれないという微かな希望のほかには、知識人たる者、おのれの矜持にかけてマスソサイアティへの迎合を拒否しなければならないのである。

そんな「ペシミズムのなかでのオプティミズム」を保ちつづけることなどは果たしてできるのであろうか。そこで頼りになるのは、僕が他書でこれまで何度も引用してきた科白であるが「人生の最大限綱領は一人の良い女、一人の良い友人、一個の良い思い出、一冊の良い書物」（G・K・チェスタトン）だと最初から思い定めておくことである。金銭も名声も地位も権力もそれなりに重要な代物なのではあろうが、自分はいずれ死ぬ身だという絶対の真理を押さえておけば、そんなものはまったくもってほどほどにすますと構えるのが知識人の生き方であり死に方でなければならない。そういう生死の形にまで問題を追い込んでいけば、マスにとて心の深部で共鳴するものが少なからずいると見込んでよいのではないか。いや、そう見込むほかに何の拠り所をもたないのが知識人という者なのである。

5　現代人が「もののあはれ」を「知る」ことの意義

まだ生きている僕の眼に現代社会が、とりわけ日本社会が、どのように映っているかについて述べてきた。その結果はといえば自分の眼をおのずと閉じたくなってしまう体のものだ。なぜといって僕にみえるのはマスクラシーの勝利でありキャピタリズムの進撃でしかないからである。両者は世論と資金を通じてメディアを動かしつつ、今や議会や政府までもがマスクラシーとキャピタリズムの前に拝跪《はいき》している。「多勢に無勢」という平凡な格言が思わず口をついて出る。つまり「数が物を言う」そして「カネが物を言う」（文明というよりも）文暗の時代がやってきたのであり、そんなところで文明批評などをやっても無視されて当然なのだ。しかも振り返ってみれば、この傾向は人類の歴史を通じて、徐々に確実に成長してきたものであって、今になって僕ごときがそれにたいして何をいっても、犬の遠吠えにしかならない。

この傾向はデスティニー（歴史の法則としての運命）とはいえないのかもしれないが、人智では如何んともしがたいアブサーディティ（不条理）の連続としての歴史のフェイト（宿命）と呼ぶしかないように僕は思う。この宿命は、クラスレス・ソサイアティ（無階級社会）には何一つ真善美への願望も探究も生じはしないということを、なぜならそうした願望を持ちつづけるのに必要な階級が存在しないから、というのも民衆の制覇がマスクラシーにまで至ってしまったから、ということを意味している。だから、現在進行形の文明の紊乱はもはや止めようがない。

文明の文字通りの無常に素朴に「もののあはれ」を感じる

真善美が具体的になんであるかは僕にとてもちろん表現不能ではある。しかしそれへの望みも探りも無視されさらに足蹴にされるとなれば、しかもそれが誰か悪い個人や集団の責任だというわけでもないとわかれば、その哀れな顚末に「もののあはれ」を感じて当然ではないのか。「美しい国」とか「国家の歴史」とか「人間の守るべき徳義」とか「紛争調停のための国際法」とかいった言葉には、今や何の重みも感じられなくなってしまったのである。

人々がプライヴェート（心ひそか）に抱いていたはずの未来への希望は完全に雲散霧消してしまった。これをさして「テクノクラシーによる社会のトータル・ディプラヴェーション（全面的頽廃）」と呼ばずして何というのか、僕には見当もつかない。ここでディプラヴェーションというのは、プライヴェートに抱懐していた心情のうちの徳義が、つまり論吉の「私徳」でいうと「貞実・潔白・謙遜・律儀」が完全に剝奪されることをさす。歴史の歯車が回り巡ってそうした頽廃が生じたとみるほかない以上、人間精神を最後には物化してしまう歴史という名の時間の流れにむごさを感じずにはおれない。

狂気の天才オットー・ヴァイニンガーが（その著『性と性格』において）「異性と関係をもつな。そんな汚いことでもやらなくなると人類が滅亡するという者がいるが、人類が滅びてどこが悪いのか」といったこと、それをこの七十億にまで増大した人間のポピュレーション（総体数）を前にして相当にまともな科白だと僕は思ってしまう。またシュペングラーが「文明の没落は必然なのである」から「芸術や哲学などという余計なことはやめて、みなして技術者や経営者になり文明の没落を早めよ」と大胆にも言い放ったことが懐かしく思い出される。

僕はそのようなニヒリズムに進んで与する者ではない。虚無に沈んでいない者だけを日本人とみなして、彼らが決死の覚悟になれば、JAP.COM の社員のほんの一部分でも追随してくるであろうという楽観を捨て切れないでいる。生きているあいだは、たとえそれがほんの数週間であっても、ニヒリズムに抗するのでなければ、あとは（言葉のオリジンを忘れたまま）言葉の果てしなきそして束の間のパロディ（つまり「モジリ」）を弄《もてあそ》ぶという類の無残な生しか待っていないということになる。

とはいえしかし、自分のやってきたことの効果が無であったとここまで思い知らされると、彼らニヒリストにも言い分があったのであろうと思わず認めたくなってしまう。ニヒリズムを語る者の情熱の出所がどこにあるのかはわからねども、彼らの結論それ自体はほとんどまったく正しいと認めざるをえないのだ。

そこまでいわないとしても、書物や雑誌や新聞やテレビや酒場で国家の改善策についてその場限りのごく局所的なことを喋々しているインテリたちの姿をみると、僕は末世の世の中だと思わずにおれない。彼ら自称のインテリやタレントたち、何が楽しくてあんな烏滸の沙汰を演じて止むことがないのか。救いようがないとはこうした連中のことをさすのではないか。

要するに、自分の生から状況との接触とそのかかわりにおける脈絡がますます遠のいていくわけである。それは自分の老いと無関係ではないだろうものの、JAP.COMが存在感を失くしていくことの現れでもある。そこで、世界危機の克服策としての「国民社会」主義が僕の予測・予想・想像通りに実現不可能なら、ニヒリズムの超克は(JAP.COMの崩落を見遣りながら)各国民がいかにしてみずからの生死に徳義をつらぬくか、ということしか残らないのである。

とはいえ末法の世だから彼岸に思いを致す、などと嘘を吐く気は僕にはない。彼岸などは、それを唱えた開祖者自身が内心ではわかっていただろうように、嘘話であり詐話《さわ》であるに違いないのだ。俗世への絶望を語りそれに堪えよと訴えるべく「あの世」を捏造したのに違いない。少なくともいえるのは、証明責任はそれを言い出した者にあるのだから、彼岸なるものを僕の前にもってきてみせてみよということである。

人間は此岸に生きてそこで死ぬしかない。そうしたものとしての此岸が文暗に包まれているとなれば、そこでどのように生きいかに死ぬかそれを具体的に各人が考えざるをえない。「神仏の御座します」とかいう彼岸を否定してかかる以上、ニヒリズムを断つとはおのれの心身の根を断つということでしかありえないのだ。

僕がここでいいたいのは、世界の文暗を「もののあはれ」とみている僕自身が、それをいかに「知り」そしてそれを知ることが自分の「生と死」にどうかかわってくるかを見極めることでしかないのである。ニヒリストの本領、それは字義通りに懸命に生きて、時至ればこれまた字義通りに懸命に死ぬという生き方をつらぬくことでしかありえない。

「もののあはれを知る」とは何のことか

本居宣長は主として紫式部の『源氏物語』の解釈を通じて「もののあはれを知る」という人間精神の内面のはたらきで真善美の基準に近づこうとした。その趣旨は「知る」ことのほうにある。つまり時代と人生の「無常」なることをわきまえつつ生死する人間の宿命、それを「知る」とは「常なるものは何か」と問うことでもあるのだから、それが真善美への道だということにもなる。芭蕉とともに「流行のなかに不易をみる」といってもよいし、ポストモダニズム批判の文脈で「同一性の尺度がなければ差異性の程度を測ることができない」といってもよい。

ともかく「無常のなかの恒常」ということとのつながりで（和辻哲郎や鈴木大拙のように）日本人のスピリチュアリティ（霊性）を浮かび上がらせようとした者もいた。もっと世俗的にいえば日本人の大和魂やら日本風土の自然美やら日本人における「和」の精神とやらが世界に冠たるものであると指摘する者が今もたくさんいる。それらは日本精神におけるビリーフ（信仰）の根拠を尋ねるものである。

しかし僕は霊性だの信仰だのと耳にすると、そこに「集団のモード」以上のものを感じとれないのだ。そもそもそうした信仰の種がまかれるべき土壌としての伝統はあらかた消えてしまったのではないか。というより、日本に独得のカスタム（慣習）はまだ少々は残っているのかもしれないが、その慣習の意味を意識的にとらえ直すこととしての伝統が（つまり「慣習の意味を知ろうとする一貫せる姿勢が」）なくなったのである。慣習の意味とは「そこに危機における平衡感覚が示唆されているであろう」と察することにほかならない。その意味を尋ねようとしないところでの信仰などは狂信か軽信かのいずれかにきまっている。

そうした伝統の喪失は現代日本人の利便性や収益性に心を奪われてしまったことの結果である。そして世間で文化といわれている慣習体系の多くがそうした利便性・収益性に奉じるための見世物となってしまった。一言でいえば日本はJAP.COMに変じてしまい、「新奇なものの流行」という溶液のなかに融解してしまったのである。まさに「常なるものが日々無くなる」という意味で無常きわまるのが現代ではある。

それは直接的にはアメリカニズムという名の近代主義に飲み込まれてしまったことの結果といえようが、深層では近代主義がこの列島において（明治この方、時折に日本主義への浪漫的な回帰があったものの）批判も受けないままに追い求めつづけられてきたことの結末だといってさしつかえない。僕のいいたいのは日本人の伝統喪失は、アメリカのせいではなく、日本人自身が選んだ道程だということである。

近代主義が「最新・単純のモデルの瞬時・大量の流行」に全面的に彩られていることを忘れるべきではない。そこで見捨てられていくのは、同一事をリピート（反復）し、おのれの生にデュレーション（持続）を与え、その持続のなかで言葉の意味が成熟してくるのを待つという作業である。新しいものなら、どんなに雑多なものであれ、何はともあれとびつくのが現代日本人の習性となってしまった。「新しもの好き」への嫌悪感も「安物買いの銭失い」への軽蔑感もとうの昔に消え失せてしまったのである。

同じ行為を繰り返すのがアナクロニズム（時代錯誤）あるいはマンネリズム（方法反復）として疎《うと》んじられているわけだ。アナクロニズムという言葉には、元来「時代の動きに抵抗する」という意味もあったにもかかわらず、またマナーは伝統の表現法にかんする規準だというのに、時代に添い寝するのがJAP.COM社員の生き方となってしまったため、伝統保守の構えがまるごと否定されてしまったとみえる。

もちろんそうした「新しい変化が文明の進歩をもたらす」という意味での進歩主義を率先しているのは、流行を作り出すがわではある。しかしその新しきものはマスによって受け入れられるであろうことを予定しているのだ。

その意味ではK・ガルブレイスのいった「広告がものをいう」と主張するプロデューサーズ・サヴリンティ（生産者主権）は間違っている。たしかに生産者のほうが消費者よりも技術情報において豊富であることを認めねばなるまいが、それを知りつつも新しいものなら何でも受け入れようとしているのは消費者のがわなのである。生産者と消費者は、さらにはインテリとマスは、進歩主義においていわば共犯関係にあるといわなければならない。「イノヴェーションによる無常の社会」に「あはれ」を感じる者などいないも同然である。同じ伝で立候補者《キャンディデート》（「白衣《キャンディド》」を着た立派そうな自称代表者）は、実は人気主義というマスの気分の儚《はかな》い霧のなかでうごめいている有り様で、選挙民の軽薄とよく見合っているのだ。

　そうであればこそ、このマスソサイアティにおけるマスプロダクションとマスコンサンプションとマスエデュケーションとマスコミュニケーションには逃げ道はないのである。もちろんそれに抗してアンティーク（考古品）の収集に努める少数者もいるにはいる。しかしそこにあってすらアンティークが高値で取引されるということを流行させたがるアンティク（変な輩）が跋扈している。こうしたモダニズムの手強さに抗してみたとて焼け石に水にしかならないことはいうまでもない。

だがここに「オンナ」というものがある

　このように書いてきて僕の心中に「少し言い過ぎかもしれない」という自省が湧いてくる。もう四年近くも前のことになるが、自分の妻を失ったときに僕は、時折に小説類を読むほかには炊事と洗濯と掃除と日常品の買い物に明け暮れし、たまに僕のいうことに耳傾けるのみであった彼女の（しかも頭脳のはたらきは僕のより鋭敏であったらしい）人生のことを考え、むろん「自分という変な男を選んだ決断について何の疑問もないままに、もしくはその疑問を圧し殺した上で」、家庭における日常の仕事をひたすらに繰り返し、そして世間の流行に目をやることがほとんどなかった彼女にいささか感動を覚えたことがある。時折に彼女を社交場や外国に連れ出すこともしてみたが、「ウチが一番いい」というのが口癖であったところをみると、彼女はむしろ外出なるものに疲労を感じていたのではないか。彼女が息子に吐いたという「私は存分に生きた」という科白は日常性の反復に彼女がほとんど不満を感じなかったということの述懐であろう。

男性が理念の運動にかかわるメタファ（隠喩、精神の垂直運動）に傾き、女性が事実の繋がりにかかわるメトニミー（換喩、精神の水平運動）に傾くということなどについては、拙著『妻と僕』などで充分に説明したつもりなので、ここでは僕自身の身近に起こった出来事をめぐって女性論の一端を示してみたい。

ごく最近、僕の旧友の未亡人唐牛《かろうじ》真喜子さんが七十一歳で身罷《みまか》った。彼女もまた多くの女の常として公の場に顔を出すことが少ないまま、亡夫の思い出を抱懐しつつ、日常の仕事を反復しつづけたのであろう。

僕は彼女の最末期において、その差し迫っている死のことを知らぬままに、ある依頼をしてしまった。つまり僕は、不法に入手できるはずの（結局は失敗に終わった）短銃の秘匿を彼女に頼み、と同時に独身のままでいる自分の娘に時々声をかけてやってくれとも頼んだのであった。彼女はそれに諾と応じながらも「私のほうが先に逝くかもよ」という言葉をつけ添えた。

そして事後に判明したことなのだが、彼女は三年近く前から癌病に冒され、それにたいして何の治療も加えず誰にも知らせないまま、私が会った二か月近くあとにあっさりと亡くなってしまった。まだ彼女に意識があった病院での二日間、私にできたのは「あなたはよく頑張ったよ」と声をかけながら軽く「掌に触れてやる」ことだけであった。彼女のほうもそれに応じてわずかに手を延ばしてくれた。五日後にふたたび病院を訪れてみたら彼女は、おそらくはモルヒネとハルシオンと（言語中枢を麻痺させる）譫妄《せんもう》防止剤のために意識を失って、静かにうずくまるような形で身をかたむけて眠ったまま、かろうじて息をしていた。その姿が僕の眼にはこれ以上は不可能といってよい孤独な存在にみえた。

思い返すと自分の（かつて交通事故で死ぬ目に遭わせた）妹が五十八歳で（自己犠牲を厭わぬ姿勢で周囲に協力するというマザー・テレサめいた生き方をつらぬいたまま）亡くなったときも、兄たる僕のできたことも黙って手を握りつづけてやることだけであり、彼女のほうも微かに、しかし全力で、握り返してくれることしかできなかった。ともかくそういう女たちの死に際のことを考えると、僕は譬えようのない深さで「もののあはれ」を「感じる」。文字通りに日常性のなかに生きるという意味でほとんど「物」となることを受け入れた女たちが、最後に何を考えるかは図りかねるものの、沈黙のままに意識を失くして亡くなっていくことの哀れとしかいいようのない姿形、それに僕が圧倒されたということである。

いや、それは哀れというよりも「みごと」と形容すべきかもしれない。妻は末期癌が発症したのち東洋医学（の主として家庭内治療）に頼って八年生き長らえたが、その三年めの再入院のとき自分の（娘が最近になって発見した）手帳の片隅に、ある老夫婦との（病院最上階の大窓のある小ホールでの）出会いを次のように書き残している。その老婦がいったそうだ。

「秋川渓谷に釣人ぐらいしか知らない絶景の場所がある。そこから見る富士山を、私は死ぬ前にどうしたって見たいんだ！　毎日どうやって死んでやろうかと考えているけど、あの富士山を見られたらあとはなあんもない。

私はね、オートバイをとばして秋川渓谷へ行くのが好きでね。ある時、偶然その場所を見つけたのさ、岩場をよじ登るのがホネでね。」

彼女は「富士山が見えると思ったのに残念」という私の独り言に応えてくれたのでした。十歳ほど年長のたった独りで椅子に座っているご婦人のセリフでした。

「私はこの歳になるまで、働き続けに働いた。力の限り働くのが好きでね。しゅうとめとも仲良くやってきたつもりだ、しゅうとめに云ったもんさ、あんな嫁におむつの世話なんぞになれるもんかと思って生きてよ。

見事だったねー。死ぬ一週間前だったよ、様子が変なんで、背負って外に出て、車で病院に運んだんだ。本当になんの世話もなかったね」

多分、その様子から一生を農婦として過ごし、四季折々の農作業に忙殺されながらも、この多摩の自然と深く関わり合ってきた人柄が「富士山」の一言に集約されて表されているようで、私には忘れられない出会だったのです。

人は学識や見識がなくても哲学者の風貌を、死と向き合ったときに示すようです。充分に風雨にさらされた枯葉色の皮膚から土の臭いが香り立ち、膝の上に置かれた頑丈そうな手指は、畑仕事を何の苦もなくこれからも続けられそうです。彼女の全身が病院と死に閉じ込められるのを決然と拒否しているのです。

まだ力の残っているうちに！

まだ奴らに摑まらないうちに！

まっすぐ前を向いて話しつづける姿、それに鉈で仏像を彫り続けた放浪の仏師、円空の仏たちを見るような気がしたものでした。

平成二十年二月二十九日　多摩北部医療センターにて

僕に円空を評する力はないし、妻の死に姿が仏像のようであったなどともいわない。ただ僕は日本文化に（様々な外国文明が時間をかけて流入してきたことの結果としての）コンプリヘンシヴつまり包括的な性格をみてとってきた。そしてその包括的なものにたいするコンプリヘンション（包括的な理解）を組み立てることが、信仰にまでは至らなくても信仰の前提としての（つまり「神仏の次元」があることにしょうかという）仮説的信仰のための大前提への合意としての、カヴィナント（盟約）を形作りうると考えてきた。婚姻でいうと「最後まで相手を守ろうと努める」という盟約である。

僕としてはそうした盟約を妻の死に際して守り通そうと構え、実際に（おおよそのところとはいえ）その構えを崩さなかったのであった。だが、そんな男のなす七面倒くさい思索上の手続きとはまったく無縁に日常性のただなかで生き、日常の仕事を休みなくこなし、そしてごく日常的な形で骨《こつ》に変じていく女たちの、いわば「物たる者」としての存在論的な重みというものに僕は感銘を覚えずにはおられない。

昔は、いわゆるコモンマン（庶民）がそういう重い生死を人知れずに演じていたのであろうが、今やそれは（いくぶん年配の）女性にしかみられないということになったのであろう。その重みのことを考えると自分のなしてきた書記や講演や会話はすべて、謙遜でいうのではないのだが、法螺《ほら》話であったような気がせぬでもない。いわんやそうした言語活動の社会に与える効果が零も同然だと最初から最後までわかっていたのであるから、そうした女たちに自然な生き方と自然な死に方を前にしばし茫然とせざるをえないのである。

なかでも凄いと思われるのは「一人の男を選びとる」という決断についてである。そういう女が減っているとの報告もありはする。それどころか、出産はしても養育はしたくないという字義そのままのウーマン（子宮人）すらが増えて、幼児教育が政府の仕事となるという社会統制主義の気配すらある。しかし、女性の本質がそう簡単に変わるはずはないとしていうのだが、男のがわとてそうした決断をされた以上は家庭生活を守ることに精出す者が多いとはいえ、女の場合には精を出しているという自覚をすらもたないのを本質とするのではないかと察しられる。

要するに一度切りの決断で家庭というものを作り、その小さな空間でひたすらに生きそして従容《しょうよう》として生を終える。そのことのもっている「平凡の非凡」とでもいうべき姿をみせられると僕はたじろがずにはいられないのだ。彼女らが（宮澤賢治の妹の死を詠じた『永訣の朝』におけるのと同じく）「あめゆじゅとてちてけんじゃ」（みぞれを取ってきてくれないか）という平凡な欲求をしか発せぬということに、僕は胸打たれる気すらしたのである。

当然、多くの男たちも会社仕事において凡々たる生と死を送るのではあろう。しかし会社なるものすでにして何ほどか公共的な機関である。その証拠に会社仕事は人間の日常生活から一般に遠く離れている。また彼らは日々イノヴェーションに取り組んでもいる。それに比べて家庭にあっては、戸主たる男は家庭の外面を代表する者として公共性を少々は発揮するであろうが、その内側にいる妻はほとんど私人として生き私人として死ぬのである。

だがその徹底した私人性がかえって家庭の外側にある者たちの公人性を陰から支え明るみのなかに浮かび上がらせているといってよい。その無常どころか「恒常」に生と死の根拠地を定める女という者の凄さを僕は齢経るにつれつくづく思い知らされているのだ。

このことを少し拡張解釈してみると、国家というものの内面と外面にも通じるところがある。つまり世界というものからみれば国民として生死するということは（諭吉も指摘したように）相当程度に私事である。しかしその私事を一般の庶民が平然と引き受け一人前の国家（という名の家庭）を作る、そうでなければどんな国家も世界と付き合えないのである。なお、諭吉には当時の儒教の在り方を腐儒として非難するのあまり「公徳を重んじて私徳（私人の貞実・潔白・謙遜・律儀）を軽んじる」という歪みがあるようにみえる。

日常の生のなかに不実・虚偽・傲岸・怠慢といった私的な不徳が成長してくることを否定できはしない。つまり生には堕落がつきものだということである。しかし、僕は坂口安吾の「堕落し切ったあとで何か大事なことを自分で発見する」というのは嘘だと思う。生に堕落はつきものではあろうが、しかしその「堕ちる過程」でそれから這い上がろうとせぬ者が価値を堕落の底で急に発見できるわけがない。生に伴う堕落は男女双方において起こるものの、それを日々清浄する努力は主として女の仕事となる。逆にいうと、女の挙措を観察し解釈することを通じて、男も堕落から脱却する必要を日々感じさせられるということである。

日常の惰性態とみえる生活のなかで日々発見できる不動の私徳、その主たる表現者がオンナではないのか、かつては庶民という人々ではなかったのか。女という結局はわかり切らぬ者たちの日常の挙措を通じて、男たるものは好むと好まざるとにかかわらず、女と（女の産んだ）子供を守るために生き、そして守り切れなくなったら死ぬ、それ以外にはどんな公事における公徳（廉恥・公平・正中・勇強）に沿った生き死にも不可能なのだとわかる。それに応じて、国家の代表者たちも庶民たる国民のために生死するほかに生き様も死に様もないのだ。

男たちがそう構えるところから国家の独立と自尊が始まる。女子供のために生死すると構えると、たとえば自分の神経の痛みなんかも、戦地で腕や足を吹き飛ばされた兵隊たちの場合と比べて、ほんの瑣事《さじ》にすぎないと了解するほかはない。とくにその指導者たちは、日常性から離れずに生死している国民という名の（女性の生死を思わせる）つまり円空の仏像めいた恒常的な存在を守るべく、時としてカリスマ（非日常的な権威）とはいかなくともとくもかく常を超えた力を発揮して、国防をはじめとする国家保護のための実力形成と外交交渉に奔走して、それができない立場にあるならば思索と言論を繰り広げて、最後には力尽きたところで（社会への迷惑を最小限にして）死ねばよいのだ。アナクロニズムとわきまえつつも男の生きる公徳のマナーとはそうしたものなのではないかといいたい。

民衆の政治・経済・文化・社会に意味が宿るとしたら、そうした覚悟の行き届いた代表者候補がおり、そのことを直観的に感受する能力が庶民に備わっている場合にかぎられる。今のJAP.COMは、社長であれ社員であれ、そういう能力のほとんどすべてを、「戦後」という対米従属の屈辱の七十余年間に、「富裕と平等」を対価として、消失させてしまった。そうとわかりつつも僕は「生とは（死に方のことを含めて）選択の休止することとなき過程のことであり、選択には、変革を選好するにせよしないにせよ、公徳の規範が必要であり、その規範は無常なる歴史の流れの河床にあって恒常を保たんとする人々の然り気なくはあるものの間断なき私徳での努力によって保守される」と、本当ならばいう必要のないことを、それどころか今ではいっても詮ないことを、言い残しておくのが老いて死にゆく者の義務だと思うのである。

あとがき

平成二十九年十一月三十日をもって娘に筆記をやってもらっていた口述への手直しが完了し、これで僕の何ほどか公的な活動は、MXテレビへのあと四回分（八十分）の撮影を残して、すべて終わった。ということは、自分の外部に存在しているのみならず内部にも多少とも食い込んでくる「状況」というものをほとんどすべて抹消するのに成功しえたということで、これでやっと「病院死を拒けて自裁死を探る」態勢が完了したということである。あとはほんのしばしマンションの窓から冬枯れの木々を眺めたり、もし誰かから呼び出しがあればお付き合いで街へヨタヨタと出向いたりするといった成り行きとなった。これで四十五年余間の執筆活動に自分でピリオドを打ったわけであるが、感無量といった調子はいささかもなく、元の自分に戻ったとの感が深い。その間、数多くの友人知人を得たが、その多くは亡くなってしまったり去ってしまったり自分のほうから別れてしまったりした。人は、大概、こんなふうに一人で死んでいくものだということはあらかじめ察していたので、これまた何の感慨も湧かない。

思想というものの本髄を探るための仮説作りに精出し、保守思想の系譜の底に流れているものを把握しようとし、マスソサイアティの醜悪に抗おうとし、そして日々生起する新たな状況に切り込もうというおおよそ四元からなる私のささやかな言論活動も、これで終止を迎えることとなったわけである。こんな平凡な人生の最期に、平凡という名の出版者が僕の文を刻してくれるのも、語呂遊びとはいえ、何かの縁なのかといった気もしてくる。

とあっさりいってはみるものの、思い返せば多くの年配者、多くの同輩者、そして多くの若年者との交流の記録が僕の人生であったことはいうまでもない。そして正直にいってしまうが、そうした交流のなかでも、ほとんど忘れてしまっているのに思い起こしてしまうのは自分の小さな家族との付き合いである。一方で遠くの親戚より近くの他人とはいうものの、他方では死期の間近となれば、やはり時間の経過が長かったせいなのか、家族との別れが重い感慨となって残る。僕の精神の重心あたりにいた両親も（自分の高校時代に大怪我を負わせた）次妹も（その頃からの知り合いであった）妻ももう亡くなったので、子供たちができれば安穏に生き、できるだけ自然な死を迎えてもらいたいものだと、願っても詮無いこととはいえ願わずにはおれない。

自分のことについても比較的多くのことを人間解釈の題材として書き喋ってきたものの、ほぼ間違いなくそのすべてが時代の重さに踏みにじられ時代の風に吹かれて飛んでいくのだと確信できる。その意味では人は一人で生まれ一人で死ぬこと以外には何も残すことがないといった虚無の感が否応もなく押し寄せる。しかし多くの人が、やるべきこととやりたいこととやれることをやりつくしたあとで、僕のと似たような気分で生死したのであろうと考えると、まあ、人生の相場はこんなところかと思い定めるしかない。

何はともあれ僕の人生にピリオドを打ってくれた平凡社の金澤智之氏と高瀬康志氏には、こんな縁起のかならずしもよいとはいえない本のお付き合いをして下さったことに感謝を述べておきたい。また自分の娘智子《さとこ》に口述筆記の謝辞を述べるのはこれで二回目と思うが、三回目は断じてないので安心してくれといっておく。

なお自分の息子一明夫婦をはじめとして、昔同じ屋根の下で暮した兄正孝の夫婦、妹倫子の夫婦、亡妹容子の夫そして妹千鶴子の夫婦、西部むつ子の皆さんにも、さらに亡妻の姉、弟、妹たちにも、僕流の「生き方としての死に方」に同意はおろか理解もしてもらえないとわきまえつつも、このあとがきの場を借りてグッドバイそしてグッドラックといわせていただきたい。

平成三十年一月十五日　　西部邁

【著者】
西部邁（にしべ すすむ）
1939年北海道生まれ。思想家、評論家。東京大学大学院経済学研究科修士課程修了。横浜国立大学助教授、東京大学教授などを歴任。東京大学教授を88年に辞任。執筆活動のほかテレビなどでも活躍。2017年10月まで雑誌『表現者』顧問を務める。著書に『ソシオ・エコノミックス』（イプシロン出版企画）、『経済倫理学序説』（中公文庫、吉野作造賞）、『大衆への反逆』（文春学藝ライブラリー）、『生まじめな戯れ』（ちくま文庫、サントリー学芸賞）、『サンチョ・キホーテの旅』（新潮社、芸術選奨文部科学大臣賞）、『ファシスタたらんとした者』（中央公論新社）など多数。2018年1月21日に自裁を遂げる。本書が絶筆となる。

平凡社新書872

保守の遺言
JAP.COM衰滅の状況

発行日——2018年2月27日　初版第1刷
　　　　2018年3月16日　初版第2刷

著者——西部邁

発行者——下中美都

発行所——株式会社平凡社
東京都千代田区神田神保町3-29　〒101-0051
電話　東京（03）3230-6580［編集］
　　　東京（03）3230-6573［営業］
振替　00180-0-29639

印刷・製本—株式会社東京印書館

装幀——菊地信義

ISBN978-4-582-85872-3
NDC 分類番号311.4　新書判（17.2cm）　総ページ304
平凡社ホームページ　http://www.heibonsha.co.jp/